K.G. りぶれっと No.7

同志社大学・関西学院大学　ジョイント・シンポジウム

ブッシュ政権のグローバル戦略と宗教

森孝一・豊下楢彦・村田晃嗣・栗林輝夫［著］

目次

はじめに

司会　……関西学院大学東京オフィス開設記念ジョイント・シンポジウム「ブッシュ政権のグローバル戦略と宗教」を始めさせていただきます。

本日は一二月に入りまして皆様方何かとお忙しい中、本当に大勢の皆様にご出席をいただきましてありがとうございます。本日司会を担当させていただきます関西学院大学広報室の吉津麻美子と申します。どうぞよろしくお願いいたします。

本日のシンポジウムですが、今年二〇〇三年に同志社大学、関西学院大学それぞれ東京オフィスを開設したことを記念し開催させていただいております。どうぞ最後までよろしくお願いいたします。

それでは、開会に際しまして主催者を代表し、同志社大学、関西学院大学両大学学長からごあいさつを申し上げます。

まず初めに、同志社大学八田英二学長からごあいさつを申し上げます。

八田　ただいまご紹介にあずかりました同志社大学の八田でございます。本日は皆様ご多忙のところ、関西学院大学と同志社大学の同志社大学・関西学院大学東京オフィス開設記念ジョイント・シンポジウムにお運びをいただき、まことにありがとうございます。教職員を代表いたしまして厚く御礼を申し上げたいと思います。

今、ご紹介がございましたように本年度、同志社大学と関西学院大学がそれぞれ首都圏から情報の受発信の拠点として新たなオフィスを東京に開設いたしました。今回、両大学の新たな活動を記念する最初の試みとして、二つの大学が協力してシンポジウムを開催させていただくということになりました。

関西学院、同志社の両大学は、創立以来ご存じのようにキリスト教を建学の礎として伝統ある宗教研究での教育・研究に力を入れてまいりました。両大学とも欧米との交流が盛んであり、キリスト教研究、欧米研究の実績も我が国屈指のものがございます。その歴史の中に培われてまいりました宗教研究を軸に、政治・文化・国際関係に関わる研究の成果を本日皆様にお聞きいただきたいと考えております。

一昨年、二〇〇一年の九月一一日米国テロ以降のこの二年間、アフガニスタン、あるいはイラク戦争へと中東と米国対立の根幹の要素として、キリスト教の中のネオコン的な原理主義、イスラム教における原理主義という二つの宗教の極端なあり方の衝突があるのではないかという見方がございます。

本日は、そのような両宗教における原理主義について、本来どのように認識、理解すべきか。国家の外交政策にとりましてそのような宗教、文明観がどのような影響を及ぼしているのか。これからの世界秩序の、あるいは世界外交の秩序、統治はどこに向かうかなどについて、四人の関西学院大学及び同志社大学の教授陣と朝日新聞のコーディネーターの方にご討議をいただくことになっております。

本日のテーマに関しましては、この四月から今回のパネラーでございます同志社大学の森、村田両教授が中心となって一神教学際研究センターが立ち上げられ、我が同志社大学では活発な研究活動を始めております。キリスト教、ユダヤ教、イスラム教という三つの一神教を軸といたしまして地域研究、国際関係、安全保障などを含む総合的な研究を行い、政策提言までを視野に入れた野心的な研究をこのＣＯＥプログラムで同志社大学は行っております。

今年度のこの二一世紀ＣＯＥプログラム、これは文部科学省による我が国の大学に世界最高水準の教育・研究拠点を学問分野ごとに形成し、研究水準の向上と世界をリードする創造的な人材育成を図るため重点的な支援を行い、国際競争力のある大学づくりのための研究拠点形成費補助金事業でございますが、本学が採択されました二つのプログラムの一つが一神教の学際的研究でございます。本日のシンポジウムの後も、本学のホームページでその活動をごらんいただければ幸いでございます。

二一世紀はあらゆる人々の共生への志を個人、共同体の生活レベルにおいて実質的、実感的に保障していくことが求められております。その実現のために、同志社大学のこれからの研究・教育においては人々の安心、安全、幸福の追究、セキュリティと人権、人道、社会正義の実質化と保障、ヒューマニティー、及び豊かな社会を実現するシステムの構築、クオリティという三つの基本的なコンセプトを掲げております。このようなコンセプトは私立大学であるからこそ、キリスト教教育を良心教育として位置づけ、そこに教育の根幹を置く関西学院大学や私ども同志社大学だからこそできるものと自負をしております。

本日のこの催しを契機といたしまして、今後さらに関西学院大学、同志社大学の教育・研究を充実、発展させる中で、皆様のお役に立つ社会貢献を深め、広げてまいりたいと祈念をしております。今後とも、本日ご出席の皆様方のご協力、ご支援のほどをよろしくお願いいたします。

開会に当たりまして、同志社大学からのあいさつとさせていただきます。本日はまことにありがとうございます。

司会 ありがとうございました。同志社大学八田学長からごあいさつを申し上げました。続きまして、関西学院大学平松一夫学長からごあいさつを申し上げます。

平松 関西学院大学の平松でございます。本日は同志社大学・関西学院大学の東京オフィス開設記念ジョイント・シンポジウムに、ご多用の中、たくさんの方にご参加いただきまして、まずもって心より御礼申し上げます。関西学院の東京オフィスは、同窓会と一体となって一〇月から活動を展開しております。また教授を一人配備して東京でのさまざまな活動を担う仕組みをつくっております。

きょうは両大学が初めて、しかも東京で共同してシンポジウムを実施するという記念すべき日でございますし、今、八田学長からご紹介がございましたように、この二つの大学がともにキリスト教主義教育の理念を創立以来掲げているということでも意味のある企画になるのではないかと考えております。

今回のテーマは「ブッシュ政権のグローバル戦略と宗教」でございますが、これは今日我が国だけでなくて世界的にも関心を呼んでいるテーマではないかと思います。また、残念な事に、先ごろ日本人の犠牲者が出たということで、特にイラクの問題をめぐっては私どもも非常に強い関心を持っているわけでございます。ハンティントンの言う「文明の衝突」というような形で、既に私どもも文献では随分前からこういう状況を想定していたこともございますが、いま改めてこのことについてより深く理解しなければならないと思うわけでございます。

関西学院は一一四年前にアメリカ南メソジスト監督教会の宣教師ランバス博士によって創設されました。「ブッシュ大統領＝メソジスト原理主義」という構図がしばしば指摘される中で、メソジスト教会によって創設された関西学院に関わる者として、きょうのテーマには強い関心を持っております。特に来年は創立者の生誕一五〇年という記念すべき年に当たります。その意味でもう一度建学の精神を見直して、社会に対する貢献をどのような形で果たせるかということを考えてまいりたいと思っております。

実は、同時多発テロやイラク戦争が起こる状況の中で、関西学院では、大学としてどういう姿勢をとるべきかをめぐってさまざまな議論が戦わされました。大学としてはアメリカの戦争に対して反対という立場をきっちり出すべきだという意見と、いや、そういう政治的な立場はやはり大学として出すべきでないという意見が随分と戦わされたわけです。結局、私どもとしては特定の政治的な立場をとることなく、むしろキリスト主義の大学にふさわしい形でこれについて考えようということで、本年の卒業式と入学式では全員で心を合わせて平和のために祈るということをいたしました。

また、関西学院大学の場合、二一世紀ＣＯＥプログラムは「人類の幸福に資する社会調査の研究」が採択されましたが、世界の平和や人類の幸福ということについて、私どもも持っている力を活かすことができるのではないかと考えております。ちょっと世俗的な話になりますが、現在、来年度に向けてさまざまな大学の冊子やパンフレット類の書きかえを行なっております。今回の書きかえの大きなテーマは、やはり世界の平和と人類の幸福ということになると考えているわけでございます。スクール・モットーとして「Mastery for Service　奉仕のための練達」を掲げている関西学院が、このシンポジウムを通していささかなりとも社会に貢献できるということであれば、非常に幸いであると考えております。

ご多用の中、お集まりいただきました皆様方に改めて御礼申し上げ、またこのシンポジウムが同志社大学、関西学院大学のジョイントのシンポジウムとして意味のあるものになることを期待いたしまして、主催者側の関西学院大学を代表してのごあいさつといたします。どうもありがとうございました。


司会　ありがとうございました。関西学院大学平松学長からごあいさつを申し上げました。

それでは、早速ではございますが、パネルディスカッションへと移らせていただきます。コーディネーター、パネリストの先生方、恐れ入りますが、ステージの方へお進みくださいませ。

お待たせいたしました。「ブッシュ政権のグローバル戦略と宗教」をテーマにパネルディスカッションを始めさせていただきます。

パネリスト、そしてコーディネーターの先生方をご紹介させていただきます。先生方のプロフィール、お手元のプログラムにも記載させていただいております。どうぞあわせてごらんくださいませ。

まずパネリストの皆様からでございます。ステージに向かって左側から、同志社大学神学部森孝一教授でございます。同志社大学法学部村田晃嗣助教授でございます。関西学院大学法学部栗林輝夫教授でございます。そして、関西学院大学法学部豊下楢彦教授でございます。本日、コーディネーターをお務めいただきますのは、朝日新聞編集委員でいらっしゃいます中川謙様でございます。

それでは、コーディネーターの中川様にマイクをバトンタッチさせていただきます。どうぞよろしくお願いいたします。

中川　ジョイント・シンポジウム「ブッシュ政権のグローバル戦略と宗教」を始めさせていただきます。現在の世界情勢は、イラクを一つとってみましても、一方でジハード、聖戦という概念を掲げる勢力もいれば、他方ではそれに十字軍という言葉で応えるアメリカのブッシュ大統領がおります。状況の意味をお読みいただくためには、文字どおりこうした宗教的なキーワードの意味を読み取ることが欠かせないと思います。そういった視点から、きょうは四人の先生方のお話を伺った後、お互いのディスカッションで内容を深めていくという順番をとりたいと思います。

初めに、森先生の方から冒頭のご発言をいただきたいと思います。よろしくお願いいたします。

「政教非分離国家」——アメリカ

予測に反した世界の動き

森　ただいまご紹介にあずかりました同志社大学神学部の森と申します。

トップバッターはどうも不利です。ほかの先生の発言を聞いて発言するということができません。マキシマム一五分と聞いています。多くのことは語れませんが、プレゼンテーションを行わせていただきたいと思います。

一神教学際研究センターを立ち上げた理由ですが、現在イラク戦争においては、イスラム世界ともう一つの一神教世界であるアメリカが厳しく対立していますし、イラク戦争、あるいは9・11の最大の原因と考えられるパレスチナ問題においても、三つの一神教が激しく対立をしています。

具体的な内容に入る前に、きょうはまず現在の状況を理解するために、もう少し大きなスキームで二〇世紀末から今日までの宗教をめぐる歴史の潮流ということについて、少しまとめてお話しさせていただければと考えています。

二〇世紀末から今日に至る世界の動きというのは、近代主義者が予測したものと全く反対の動きをしたと考えています。近代という時代と宗教ということを考えてみますと、私はキーワードは二つあると思っています。一つは世俗化であり、もう一つは政教分離です。これは近代においてあらわれてきた二つの考え方だと思います。世俗化とは、人間が進歩していけば、宗教だとか、神だとかいうものを必要としなくなって、だんだんと人間は自分の足で歩くようになるという考えです。政教分離は、政治と宗教とがそれまでは結びついていたのですけれども、それを分けて考えるという立場です。しかし、近代主義者の予想に反して、世俗化においても政教分離においても全く違う動きがあらわれてきている。それが二〇世紀末から今日に至る世界の動きではないかと思います。

宗教の復興

一九七九年にイラン・イスラム革命が起こりました。アメリカ的な世俗化、近代化をイラン国民は拒否していきました。あるいは一九九一年にソ連が崩壊します。まさにマルクスは近代主義者の代表です。人間社会が発展していけば、宗教はなくなっていくんだ。宗教はそれに至るまでの痛みを和らげるためのアヘンであると言うんですね。しかしマルクスが主張した共産主義体制自体が崩壊して、そしてその後にソ連においては何が起こったかというと、民族と宗教を中心とする一五の共和国というものがあらわれてきた。このような形で近代主義者の予想に反して、世界各地において宗教の復興が起こってきました。このことの意味というものを我々は考える必要があると思うんです。

なぜだろうかと考えてみますと、人間が自分自身と自分が属する社会の存在の意味を求めるというのは、人間の本性に近いんじゃないかと思うんです。共産主義の体制においては、「共産主義という宗教」が人間と社会に存在の意味を与えていた。しかし、それが崩壊して空白状態が来たとき、それを埋めるものとして、民族とその民族の中核にある宗教の復興があったのではないかと思います。

アメリカにおける政教分離

二つ目の政教分離に関してですけれども、今日の世界状況を見ておりますと、政教分離を行っている国家と、政教非分離の国家というものが厳然として存在しているということが言えるのではないでしょうか。イスラム諸国は文字どおり政教非分離を原則としていると思います。ここで重要なことは、政教分離というあり方が正しくて、政教非分離というあり方は正しくないんだとか、政教分離は近代的であるけれども、政教非分離というのは時代遅れなのだという考え方です。これをまず我々が改めなければいけない。まさに、それこそ近代主義者のイデオロギーであって、政教非分離のあり方というのもあるんだ、そのような諸国があるんだということをまず我々は認めていく必要があるのではないかと思います。

イスラム世界は宗教非分離であるというふうに申しましたが、イラク戦争のもう片一方の当事者であるアメリカも、実は政教非分離社会、政教非分離国家なのです。日本に入ってくるアメリカの情報は非常に偏っています。これは従来から私が主張していることなんですけれども、日本に入ってくるアメリカの情報は、大都会のアメリカ、インテリのアメリカ、あるいは連邦政府、ワシントンDCのアメリカ、あるいはハリウッドのアメリカであって、いうなれば世俗的なアメリカであるということが言えると思います。

ところが、来年大統領選挙を迎えますが、大統領選挙になると改めて気づかされるんですが、もう一つの大きなアメリカ、影響力を持ったもう一つのアメリカの姿が浮かび上がってまいります。それは今の反対で、ワシントンDCではなくて州レベルのアメリカであり、インテリのアメリカではなくて草の根の庶民のアメリカであり、そして世俗的なアメリカに対して宗教的なアメリカである。実はそのような二つのアメリカが、大体パーセンテージでいうと半分、半分ぐらいだと思うんですが、宗教的アメリカについての情報はほとんど日本には入ってこない。ですから、日本においては、アメリカ社会は非常に世俗的な社会であるというふうに考えられるのですが、しかし実はそうじゃない。

そのことが9・11以降のブッシュ大統領の発言で改めて明らかになってきたと思います。念のためにお話ししておきたいと思いますが、アメリカ合衆国は人類史上初めて憲法に政教分離を明記した国です。一七九一年、憲法修正第一条において、政教分離を初めて憲法に明記した国です。しかし、そのアメリカは非常に宗教的な国である。ですから、アメリカにおける政教分離は、政治と宗教を分離するのではなくて、国教をつくらないという意味での政教分離、英語でいいますとSeparation of Church and Stateであって、Separation of Religion and Politicsではない。宗教と政治というものが密接に絡み合っている、そのような宗教非分離社会がアメリカなのです。これをまず我々は知る必要があるのではないかと思います。

時間の関係で、たくさん語ることはできません。しかし、政治と宗教との関係について、後で栗林先生が詳しく宗教右派についてお話しなさると思いますが、これについてもほとんど日本に報道されない。昨日でしたでしょうか、朝日新聞が取り上げておられますが、宗教右派の政治的実力について、私が持っている一九九五年のギャラップの調査によると、「あなたは宗教右派のメンバーか」という問いに対して一八%が「そうである」と答えています。一八%というのはアメリカのアフリカ系アメリカ人の一・五倍なんですね。アフリカ系アメリカ人の人口比は一二%です。それと比較すると一・五倍なんです。あるいは、ある国のこの前の選挙で非常に大きな政治的影響力を発揮した宗教政党の約二倍です。それぐらいの大きな力を持っている宗教右派というものが、アメリカに政治勢力として存在している。しかも、それが与党共和党の最大勢力なんです。これもある調査によりますと、五〇州のうち三一の州で共和党をコントロールしているのが宗教右派なんです。ということは、宗教右派の支持を得られなければ共和党の大統領候補になれないんです。ということは大統領になれないんですね。それぐらい大きな力を持っている。

宗教非分離国家との共存

よく妊娠中絶の問題が取り上げられますが、これは単に妊娠中絶の問題ではありません。妊娠中絶の背後にある価値観の問題です。どのような価値観を持っている人々であるのかということです。これが現在、アメリカ社会を二分している「文化戦争」と言われるもので、価値観の対立です。ですから、人工妊娠中絶が問題なのではなくて、その大統領候補者がどのような価値観を代表するのかということが、来年の大統領選挙においても非常に大きなテーマになってくると思います。

まとめますと、イスラム世界とアメリカという政教非分離国家を正しく理解することが重要になっている時代、それが現在ではないか。そして、その宗教非分離国家とどのように共存していけばいいのか。これが現在の日本にとっては大きな課題なのではないか。これを誤ると、それこそ国益に反する結果を生むのではないかと、理解しています。

次に、本日のシンポジウムのテーマであるブッシュ政権のグローバル戦略ということについてお話ししたいと思います。ブッシュ政権のグローバル戦略に大義を与えるもの、それがアメリカの広い意味での宗教であると思うんです。それとアメリカの文明理解が、深く関係しています。アメリカが文明というものをどのように理解しているかということですね。これは先ほど平松学長のごあいさつの中でも触れられましたが、ハンティントンが「文明の衝突」ということを申しました。この文明というものをアメリカはどのように理解してきたか。そして、今理解しているかということについてお話しをさせていただきたいと思います。

アメリカの文明理解

アメリカ合衆国は、これまで諸文明を相対的に理解したことがなかったのではないか。アメリカ国内においてはさまざまな文化、多文化を重んじ、それを尊重する立場をとってまいりましたが、諸文明に関しては､アメリカは相対的な理解をしたことがない。それじゃどのように諸文明を理解してきたかというと、それは進化論的に文明を理解しているのだと思います。すなわち、より低い文明からより高い文明へと文明は進化するんだと。そして、その「文明の進化」の最先端にあるのがアメリカを代表とするアングロサクソン文明であると理解をしていると思うんです。このような文明理解が、アメリカの外交に大義を与える大きな要因になっていると思うんです。

実はこのような文明理解を持つようになったのは、今から約一〇〇年前の一八九八年に起こったスペインとの戦争（米西戦争）からではないかと私は理解しています。当時の､大統領であったマッキンリーは、それまでのモンロー主義を改めて、積極的世界戦略に打って出るかどうかということに悩んだときのことを、後にある雑誌に書いています。それを読ませていただきます。

「私は毎晩夜中までホワイトハウスの中を歩き回っていた。私は幾晩も全能の神に光と導きを祈った。そして、ある晩遅く次のように神の光と導きが示された。それがどのようにして示されたかは、私にはわからない。しかし、確かに示されたのだった」という形で四つの選択肢について彼は述べます。そして、三つの選択肢はだめなんだと言って、最後にアメリカが選び取るのはこれだということで、第四番目に彼は何と言ったかというと、「残されている道は、フィリピン人を教育し、高め、文明化し、キリスト教化するために、アメリカがフィリピンを統治することである」。進化論的にとらえて、アメリカのレベルにフィリピン人を教育し、高め、文明化し、キリスト教化する必要があると理解した。これがアメリカの文明理解なんです。

このフィリピンをイラクに変えて読んでみますと、まさに現在アメリカが考えようとしているグローバル戦略そのものであって、アメリカの文明理解はこの百年間、全く変わっていない。実はこのような文明理解を行い、アメリカ外交において二元論的な、善か悪かという絶対主義的な理念を持ち込むことは、アメリカの国益にとってはマイナスなんですが、そのことにアメリカは気づいていない。実はこのことに気づく必要がある。ところが、アメリカを変えることができるのはアメリカ以外にはありませんから、アメリカが変わるために我々に何ができるんだろうかということについて、この後、議論できればと願っています。ありがとうございました。

中川　ありがとうございました。

脅威の再生産構造とイラク戦争

テロリズムの峻別

豊下　豊下でございます。

私の場合は、森先生のお話しとは違って大変俗っぽい話になりますが、今ご承知のようにテロリズムの脅威ということで、東京も攻撃されるとか、あるいは海外の日本企業も襲撃されるのではといった、非常に恐ろしい事態さえ予測にあがっております。しかし、そうであればあるほど、逆に冷静に歴史的に問題を考える必要があると思います。およそ二週間前の一一月中旬、『インターナショナル・ヘラルド・トリビューン』紙に、アメリカの戦略理論家ブレジンスキーの興味深い発言が掲載されております。彼はテロリズムというものは結局のところ人を殺す手段、テクニックであって、テロリズムそれ自体が敵であるということにはなり得ない。それはちょうどナチス・ドイツが電撃作戦を行なった場合、その作戦が敵ということではなくて実はナチスこそが真の敵である、という問題と同じことなのだ。つまり、テロリズムが敵であるということを繰り返しても、それ自体では何も言っていないに等しいのだ、と強調しております。テロリズムの位置づけが一面的なきらいはありますが、問題を考えるうえで大変興味深い視点と思われます。

さらにテロリズムについては、ドイツの思想家カール・シュミットの議論も重要です。彼はパルチザンと表現していましたが、テロリズムというものを、土着的テロリズムと革命的テロリズムという二つに分けています。革命的テロリズムというのは、例えばレーニンが当初呼号した世界革命を目指すようなテロリズムであって、今でいえば、イスラム世界革命を夢想するアルカイダのテロリズムのようなものでしょう。他方、土着的テロリズムというのは、彼が典型的な例として挙げているのが、一八一三年にプロイセンの国王が出した勅令です。彼はすべてのプロイセン国民に対し、ナポレオン軍が侵攻してくれば、あらゆる種類の武器をもって戦う義務があると命じたわけです。カール・シュミットはこれを国家や民族を防衛するための土着的テロリズムと呼びまして、現代では毛沢東が行なった日本軍に対する抵抗戦争というものがこれに当たると述べています。

カール・シュミットの思想の評価はともかくとしまして、私は現在のテロリズムを考える場合に、特に中東問題を考えるにあたっては、この土着的テロリズムと革命的テロリズムの峻別ということは大変重要なことではないかと思います。さて、そこで改めて二〇世紀全体を考えてみましたときに、私たちが経験した最悪のテロリズムというのは、言うまでもなくナチズムとスターリニズムでありました。これらの特徴は、きわめて体系化されたイデオロギーとそのイデオロギーに基づいて編成された強力な国家、そして海外侵略と勢力圏の拡大ということでありました。

かつての同盟者、フセインとビン・ラディン

こうしたテロリズムに比べて、それでは、ブッシュ政権になってからまさに人類共通の敵のようになりましたサダム・フセインとビン・ラディンの場合は一体どのような脅威なのか、という問題です。余り指摘されないことなのですが、実は一九八一年一月にレーガン政権が発足したときの最初の国家安全保障会議における最初の議題が、実は国際的テロリズムとの戦いであったのです。つまり、今のブッシュ政権と全く同じなわけです。当時の脅威としては、いわゆる悪の帝国のソ連、それからホメイニ革命のイラン、リビア、パレスチナのPLO、キューバ、北朝鮮等々が挙げられておりました。

問題は、この国際的テロリズムとの戦いの具体的な内容なのですが、これはもう皆さんご承知のように、まずイランのホメイニ革命に対処するため、隣国イラクのフセインに対して膨大な軍事援助、経済援助を与えることによってイランに対抗させるという政策をとりました。したがって、フセインがイランに対して化学兵器を使用したり、あるいは国内でサリンを使ってクルド人を虐殺したときも、ひたすら黙認を続けました。こうしたレーガン政権のフセインに対する梃入れ政策というものは、ブッシュ・パパ政権にもそのまま引き継がれまして、これは九〇年八月、イラクのクェート侵攻の前夜まで続きました。

象徴的な例として、実はクェート侵攻のわずか四日前のことなのですが、アメリカの上下両院は、それまでアメリカがイラクに与えていたおよそ五〇億ドルに上る信用供与、そのうちかなりの部分が実はフセインによって兵器の購入に充てられてきた、だからこれを停止すべきだという決議を行いました。ところが、ブッシュ大統領は直ちに拒否権を発動いたしました。その理由は、フセインは中東における最も重要な友人の一人であるというものでした。ところが、それから四日後、フセインのクェート侵攻が起こりま

すとブッシュは直ちに、「フセインはヒトラーである」と非難しました。私はこれを聞いて吹き出しましたが、そもそもＣＩＡの能力というものは、ヒトラーを友人と取り違えるようなレベルのものなのでしょうか。

いずれにしましても、少し話は外れますけれども、湾岸戦争を総括するときに、日本はお金を出す以外には何もできないという屈辱を味わった、ということがよく言われます。しかし、私はそうではなくて、すでに一九八〇年から侵略者であり独裁者であったフセインに対し、主要国の中で唯一日本だけが、少なくとも公式には一切の兵器を供与しなかった、という点を誇るべきだと思うのです。もし恥じ入るところがあるとすれば、フセインに対する最大のＯＤＡ援助国として、その援助の枠組みから兵器購入が行われたかもしれないという、その点において恥じ入るべきだと、私はこのように湾岸戦争を総括しています。

次に、ビン・ラディンの場合はどうかということですけれども、今から考えてみますと一九八六年は歴史的な転換を画した年であったと言えるでしょう。つまりこの年にＣＩＡは、世界中からイスラム過激派をパキスタンに結集させ、テロのあらゆるノウハウを教え込み、武器を供与し、金を提供してアフガニスタンに送り込みソ連と戦わせる、という方針に踏み切りました。実はそれまで、イスラム過激派の世界的なネットワークというものはありませんでした。これを契機に新たなネットワークがつくり出されていくことになるのですが、このときの組織化の中心を担ったのが、他ならぬビン・ラディンであったわけです。

以上のことをまとめますと、大変皮肉なことなのですが、レーガンの時代における国際的テロリズムとの戦いにおいて、最も重要な同盟者、協力者が実はフセインとビン・ラディンであった、ということなのです。彼らが後に一人歩きをしてモンスターになって、今や私たちの脅威になっている、言ってみれば、私たちはレーガン外交の遺産と戦う羽目に陥っているのです。したがって、フランスの思想家のジャック・デリタは、今の戦争というのは一種の「兄弟殺し」である、兄弟であった者同士が殺し合っている状態だと指摘しておりますが、実に的を射た発言と思われます。しかも、今回のイラクの戦争で、犬猿の仲であったフセインの勢力とアルカイダの勢力が手を結ぶようになったということも、歴史の皮肉と言う以外にありません。

要するに私が申し上げたいことは、いま私たちが直面している脅威というものはナチズムやファシズムの脅威とは根本的に性格を異にしている、ということなのです。つまり、アメリカが軍事外交戦略の手段として利用した勢力が現在の脅威になっているという構図、この歴史的な経緯というものをきっちり確認しておく必要があると思うのです。としますと、ネオコンの論客でありますロバート・ケーガンが有名な例え話を出しておりますが、これは修正される必要があると思います。ケーガンが言っておりますことは、密林で凶暴なクマが徘徊しているのにヨーロッパはナイフしか持っていないから見て見ぬふりをする、しかし、アメリカは立派な銃を持っているからクマと正面から戦うことができる、ここにアメリカとヨーロッパの根本的な違いがあるのだ、ということなのです。

場当たり的な政策のつけ

しかし、現実はこれとは全く違うわけです。この例え話では、人間社会と凶暴なクマというものは全く異質の世界、別世界の存在だということが前提になっています。しかし現実は、人間がクマに対してえさを与え、爪のとぎ方を教え、凶暴化させてきた訳です。ケーガンの例え話というものは、ここのところから根本的に修正される必要があると思います。

要するに問題の核心は、パワー・ポリティクスの諸関係の中で、ある勢力がときには世界の友となり、ときには世界の敵になる、こうした選択がアメリカによって恣意的に行なわれる、このことが実は国際政治というものを非常に不安定な状態に置いているのではないか、ということなのです。しかも、これは決して過去の話ではありません。最近の例を挙げますと、米国はコソボ解放軍をアルバニアのマフィアやアルカイダとも結びついたテロリストと位置づけていましたが、ミロシェビッチとの対決が焦点になると、一変して「自由の戦士」という名称を与えて支援しました。また、いまブッシュ政権は自由と民主主義の旗を高く掲げておりますけれども、実は中央アジアの北朝鮮と言われるような国々に軍事援助を与え、日本は経済援助を与えております。北朝鮮本国と変わらないような厳しい抑圧体制をとっているにもかかわらず、地政学上あるいは天然資源の利害関係から支援しているわけです。ちょうどサウジアラビアの場合と同じように、私は間違いなくこれらの国々から新たなテロリストが生み出されてくると思います。

もっと深刻な事態にあるのはパキスタンの場合です。私は、大量破壊兵器とテロリズムが結合する最も危険な地域は、実はイラクでもなければ北朝鮮でもなく、他ならぬパキスタンだと思っています。言うまでもなく、この国は正真正銘の核兵器の保有国であり、また強力なミサイルを持っています。政権は軍事クーデターから生まれたものですし、国内にはアルカイダの残党が跋扈しています。特に、軍隊、警察、諜報機関にネットワークがあると言われています。さらに重大なことは、北朝鮮に対する核開発の直接的な援助国であるということです。

実は九八年にパキスタンが核実験を行なったとき、日本は安保理の非常任理事国でありまして、全会一致での非難決議をまとめ挙げるために奔走し、制裁措置にも踏み切りました。ところが、「九月一一日」のテロを迎えますと、ブッシュ大統領は一転して、制裁の解除に動きました。つまり、アルカイダと戦うためにパキスタンを引き入れる必要がある、という思惑からです。しかもブッシュさんは訪米した小泉首相に対し、日本も制裁を解除するばかりではなく、緊急の経済援助を行なうことを要請しました。その理由は、核保有国の政情は安定していなければならないから、というものでした。これを受けて日本は、パキスタンがＮＰＴ（核拡散防止条約）やＣＴＢＴ（包括的核実験禁止条約）に加盟する意思も示していないにもかかわらず、翌一〇月には制裁を解除し、要請の通り経済援助を与えることに踏み切りました。

改めて考えてみますと、こうした対応は、アルカイダというテロリストと戦うために大量破壊兵器、それも核兵器の拡散を認めたということですから、実に倒錯した論理と言う以外にありません。このように、あるときは敵であり状況次第では友になる、こうした選択がパワー・ポリティクスの諸関係の中で恣意的に行なわれていくという場当たり的な政策が、今日の国際情勢をきわめて不安定なものにさせているのです。

二つの例外国家

さて、以上のような経緯を背景として、とにかくフセインがモンスターになったわけでありますが、それでは今回のイラク戦争をどうとらえるべきか、という問題です。私は端的に言って、二つの例外国家が連動した戦争だと考えています。例外国家としてまず挙げられるのは、言うまでもなくアメリカです。それは、アメリカが軍事力の行使を始めますと、いかなる国際機関もいかなる国もそれをとめることができない、という意味です。これが地域レベルになりますと、実はイスラエルがそれに当たります。イスラエルが占領地でどのような軍事作戦を展開しても、だれもそれを止めることができません。虐殺のようなことが行なわれたとしても、国連による調査さえ拒否されます。イスラエルが事実上の核開発を行なっても、あるいは数十年にわたって安保理決議を無視し続けても、制裁を加えることもできません。さらに今、皆さん御承知のようにいわゆるベルリンの壁、ブレジンスキーはアパルトヘイトの壁と言っていますけれども、この壁の建設が進んでいますが、国際社会はそれを止めることができません。

要するに、今回の戦争の特徴的なことは、このアメリカとイスラエルという二つの例外国家が連動したものであった、ということです。この連動において重要な役割を果たしたのが、いわゆるネオコンと言われる人達、彼らの論理、そして宗教的な背景であったと思われます。ネオコンの考え方によりますと、イスラエルというのは二つの意味でモデルになります。一つは、中東地域においてイスラエルが唯一の民主国家であるということから、中東で民主化を拡大していくうえでの格好のモデルになる、ということです。もう一つは、イスラエルこそがまさにテロとの戦いの最前線に立っている、という意味でのモデルとしての位置づけです。こうしたネオコンの論理を媒介にして、アメリカとイスラエルが連動することで今回の戦争が引き起こされたと考えられます。

私は、一九九一年の戦争を第一次湾岸戦争、今回の戦争を第二次湾岸戦争と言っていますけれども、このアメリカとイスラエルが連動したというところに、第一次と第二次の戦争の決定的な違いがあると思います。ご承知のように、九一年の戦争のときはフセインがイスラエルを引っ張り込もうと挑発を繰り返しましたけれども、多国籍軍の側は中東全域への拡大を恐れてイスラエルが軍事行動にでることを抑え込んだわけです。ところが今回は、具体的な戦争には加わりませんでしたけれども、イスラエルがモデルとして位置づけられて戦争が開始されたわけです。

言うまでもなく、中東においてはパレスチナ問題こそが、アラブの民衆、イスラムの人たちにとって原点であります。そして、先日もカーター元大統領が発言しておりましたように、パレスチナ問題こそが中東全域における反米意識の源泉だということであります。ブッシュ大統領もそれを認識してロードマップに踏み出したわけですが、それが前進をみて解決の方向に動きだす以前の段階で、中東の心臓部への戦争に踏み切ってしまいました。このように考えてきますと、この戦争を機にテロが全面的に激化するというのは、当然の帰結ではないかと思われます。

したがって、いま私たちがテロリズムに対処しようとするとき、このようにして引き起こされた戦争の枠組みを、大変長く困難なことになるでしょうけれども、根本的に組み替えていく方向を探る、そこから出発する以外にないだろうと考えます。どうもありがとうございました。

中川　ありがとうございました。

アメリカ・イラク・日本

国際政治における力の分布

村田　同志社大学の村田でございます。

限られた時間でございますので、大きく三つのことを申し上げたいと思います。一つ目はアメリカと国際政治をめぐる大きな構造変化ということであります。そして二つ目は、このイラクをめぐる問題をどう考えるか。三番目は、そうした状況の中で日本にどういう課題があるのかということ、三つの点についてお話し申し上げたいと思います。

まず、アメリカと国際政治をめぐる大きな構造変化ということであります。今やアメリカはしばしば帝国というふうに呼ばれるようになったわけでございます。そこで、私はイギリスの総理大臣でありましたチャーチルの言葉を思い出します。チャーチルはイギリス人らしく皮肉な言い方をするのが好きでございますけれども、かつてこういうことを言っています。「民主主義というのは最低の政治制度である。ただし既に存在したすべての政治制度を除いては」と。つまり、民主主義がベストの政治制度だとは言わずに、ほかのものに比べればまだましだというわけです。既に存在したすべての政治制度、王政や貴族制や専制支配だといったようなものを全部除いてしまえば、民主主義はましだという言い方をしたわけです。そういう言い方をもしここで使うならば、「アメリカは最低の帝国である。ただし、歴史上既に存在したすべての帝国を除いては」というふうに言うことができるのではなかろうかと思うのです。

確かに、今のアメリカには、既にお二人の先生方がご指摘になったように、さまざまな問題がございます。それについては疑う余地がございません。しかしながら、アメリカについて議論するときに、私どもはアメリカを三つのレベルに分けて考える必要があろうかと思います。一つは、今のブッシュ政権という特定の政権が抱えている問題でございます。ブッシュ政権だから生ずる問題です。そして二番目は、アメリカの宗教のお話ですとか、あるいは人種構成のお話ですとか、いろんな話が出てまいりましたけれども、アメリカという特異な国が抱えている問題ということです。しかし、私たちにとって一番大事だと思われるのは三番目の問題でありまして、国際政治における力の分布という問題であります。

つまり、アメリカという一国が世界で極端に突出してしまった、突出した力を持ってしまったという事実から派生する問題ということであります。この三つを分けて議論をしませんと、何でもかんでもブッシュ政権が悪いとか、何でもかんでもアメリカ社会が悪いとかいう議論に陥ってしまいます。

当面変わらない国際構造

アメリカの突出した力ということで申し上げますと、よく昔からすぐれた国際政治学者は、国際政治を軍事と経済とそして情報や文化を含めた価値という三つの観点から論じてまいりましたけれども、軍事についで申しますと、アメリカが世界の軍事費の四〇から四五%を一国で占めていることはよく知られるわけです。経済につきましても、アメリカは世界第一の経済大国であることは言うまでもありません。最近アメリカ政府が発表した数字、もちろんそれをそのまま信じないにしても、経済成長率八・二％ということです。世界経済の動向がアメリカ経済の行く末にかかっていることは事実であります。そして、情報・文化、インターネットやハリウッドの影響ということを考えると、この分野でもアメリカは大きな力を持っております。

さて、もしもある国が軍事と経済と情報価値、このすべての局面において今のアメリカほど他を圧するほどの力を持ってしまったときに、その国は今のアメリカよりも穏当で国際協調的で腰の低い国になるだろうか。もしも日本が今のアメリカと同じだけの軍事力と経済力と情報・文化の力を独占したら、そのとき我々日本は今のアメリカよりも謙虚だろうか。これは他人を批判する前に、まず我々自身の胸に手を当てて考えてみなければならないことだと思うのです。

戦前においては軍事力で、たかだかアジアにおいて覇を唱えただけで、無謀な侵略戦争を引き起こした日本。戦後においては、たかだか経済の一局面で世界第二位になっただけで、バブル経済に踊って今日の不況にあえぐ日本。この日本が軍事と経済と文化、価値すべての局面で今のアメリカと同じだけの力を持てば、そのとき日本は今のアメリカより謙虚であろうか。私の答えは残念ながらノーです。そして、この主語を中国に置きかえると、私の答えはもっと強くノーであり、今回のイラク戦争でアメリカに強く反対したフランスやドイツやロシアに置きかえても、私の答えはやはりノーです。

つまり、アメリカという国やブッシュ政権が抱えている問題と、ある国が著しく大きな力を持ってしまったときに生じる問題を分けて考えなければならない。アメリカは変わるかもしれないし、ブッシュ政権はやがて去っていくであろう。しかし、一つの国が非常に大きな力を集中させているという国際構造は、恐らく予見し得る当面変わらないのではなかろうか。そのことを前提にして議論しなければ、批判のための批判に終わってしまうであろうということを申し上げたいわけです。

しかし、それだけ大きな力を持ったアメリカが、皮肉にも歴史上最も自国の安全保障におびえているのであります。アメリカのような複雑で相互依存的に開かれた社会に大きなダメージを与えることは容易でありまして、そのことを9・11のテロは示したわけです。一つの数字を申し上げますと、アメリカは今日でも年間九〇万人の移民を受け入れております。こんな国は世界中で他にはありません。この九〇万人からの移民がやって来るということが、開かれたアメリカ社会がある意味で脆弱であるかということを示しているわけであります。しかし、他方でこれだけ世界中で批判されながら、なおかつ年間九〇万人の人たちがアメリカに移民してくるということは、アメリカが持っているもう一つの魅力をやはり示しているのだろうと思います。

ヨーロッパ、ロシアの思惑

さて、このイラク戦争をめぐって、アメリカとヨーロッパが鋭く対立をしてまいりました。これについてはもちろんアメリカ側がイラクへの開戦を非常に拙速に進めたということについて、さまざまな問題があることはいうまでもございません。しかし、他方でヨーロッパの側にも問題があったことは指摘しておかなければならない。まずヨーロッパは、ヨーロッパ連合（ＥＵ）の統合・拡大に非常に自信を強めております。そうした中で、拡大ＥＵでリーダーシップをとろうとするフランス、ドイツの思惑、超大国の地位を失った中でアメリカを何とか牽制しようとするロシアの思惑と、こういったものが絡んでいることは明らかです。そして、そうしたときに、大きな力を持ったアメリカにある種の歯止めをかける一つの仕組みが国連であって、安保理常任理事会であって、拒否権をロシアとフランスが持っている。その国連の役割を全面に押し出すということは、彼らの国力、影響力の拡大にもつながるというしたたかな読みがあったことは、これまた言うまでもありません。

そしてまた、今アメリカ国内での宗教のお話が出ましたけれども、フランス、ドイツがそれぞれ国内に五〇〇万人からのイスラム教徒を抱えているという事実は、仏独がなぜあそこまでアメリカに反対したのかということを考える上で、一つの大きな国内ファクターであろうと思います。

アメリカとヨーロッパは鋭く対立をしています。そうした中で、後でも申し上げます日本の立場とも関連してまいりますけれども、なぜ日本はフランスのように毅然としてアメリカに対してノーと言えないのかというような議論がございます。しかしながら、これはフランスやロシアが置かれている状況と、日本が置かれている状況、要件を無視した議論であろうと思います。単純なことですが、フランスとロシアは国連安保理の常任理事国でして、拒否権という最終カードを持っておりますが、私どもには拒否権はございません。そして、フランスもロシアも核保有国ですけれども、我が国は核を持たないという選択をしております。そして、ドイツもフランスもEUやNATOという超国家的な機関を持っておりますけれども、アジアにおいてはそのような超国家的なメカニズムはでき上がっておりません。

さらに、やや大胆に言えば、冷戦が終わるころから日本とヨーロッパが置かれた戦略環境というのは逆転したと思うんです。冷戦中はヨーロッパはソ連の脅威にさらされておりましたけれども、日本は何だかんだといっても海に囲まれていて安全であったわけです。ところが、冷戦が終わったころからヨーロッパはソ連の脅威から解放された。ところが、そのころから、私は中国が脅威だとは申しませんけれども、中国という非常に大きな力の台頭、隣国の台頭というのに我々は直面している。そして北朝鮮の挑発行動が重なる。時を合わせて日本の経済力が傾くというわけでして、日本とヨーロッパが置かれていた戦略環境がある意味で逆転したと言えるんじゃないか。そういう前提を無視して、日本もフランスのように言うべき事を言うべきだというのは、やや粗暴な議論ではなかろうかというふうな気がいたします。

大量破壊兵器の心理効果

次に、イラクの問題について簡単に申し上げたいと思います。私はこのイラク戦争についての評価というのは、恐らく五年とか一〇年とか一五年は定まらない問題だと思うんです。と申しますのは、大きな背景としてアメリカという一国にこれだけ大きな力が集中してしまったという、国際政治の根本的な構造変化というのがあるわけです。このことが何を意味するのかというのは、実は我々はあと五年か一〇年考えてみないとわからないことじゃないかというふうに思うんですね。

アメリカの側も冷戦のころにはまだソ連という重石がございましたけれども、今や自分一国が超大国、これだけ大きな力を独占して、これをどのように行使したらいいのか、行使すべきではないのかという学習がまだできていない。他方、世界の方もこれほど圧倒的な大国とどうつき合っていったらよいのかということについての学習ができていない。そういう未学習な状況の中で起こった大きな事件であったというふうに思います。したがって、この問題について断定的な判断というのは、私はまだまだ下しがたいというふうに思っております。

しかしながら、このイラクの問題について、私は少なくとも開戦に至る経緯という問題と、そして今イラクが直面している現状と、この二つについては分けて議論すべきであろうというふうに思います。大量破壊兵器が問題になりましたが、大量破壊兵器は依然として発見されておりません。これを受けて、アメリカの今回の戦争は大義のない戦争であったという議論がございます。私はそうは思いませんが、仮にそのような議論に立ったとしても、では今のイラクの現状を放置してよいのかという話には全然ならないということです。

それから、この大量破壊兵器の問題も、私はなかなか難しい問題だと思うんですね。つまり、アメリカは大量破壊兵器を前面に言い立てましたけれども、それは仏独が非常に強く抵抗する中で、大量破壊兵器の問題を前面に押し出さざるをえなかったという側面もあるでしょう。しかも、この大量破壊兵器というのは、本来極めて心理的な武器なんですね。そういう意味でテロと似ている。心理的な武器というのは、極端なことを申し上げるならば、あってもなくても構わないわけです。相手にあると思わせれば、心理効果を発揮するわけです。フセインはまさにそのような戦略をとってきたわけです。持っていそうだけれども、持っているかどうかわからない。持っているとわかれば国連の制裁を受ける。アメリカは軍事行動をとる。しかし、逆に持っていない、フセインが大量破壊兵器を持っていないとわかれば、イランはフセインを恐れる必要はない。サウジアラビアもクェートもイラクは怖くない。国内の反体制派もクルド人もフセイン体制は怖くない。だから持っていないとわかっても困るわけでして、持っているか持っていないかわからないような戦略的あいまい性をフセイン体制は十数年間意図的につくってきた。そのような状況が許容できないという判断であったんだろうと思うんです。その判断が正しかったのか、あるいは開戦に至る経緯が十分正当であったのかについては、多分に議論の余地のあることは言うまでもございません。

ベトナム戦争との違い

さて、イラクの現状についてです。これについて二つ申し上げます。一つは、今続発しているテロ、この担い手の多くが旧フセイン政権の残党であるとするならば、それ以外のグループもいっぱいいるでしょうけれども、私は今イラクで起こっていて世界が見ているこの現状こそ、二〇年以上続いたフセイン体制の残虐性というものを我々に教えてくれるんだと思うんです。外国人勢力も、国連もねらう。イラク人警察も殺すという殺傷を繰り返しているわけであります。

フセイン体制が維持されていたときには、それが国際社会の目にさらされず、イラク国内でフセイン体制は、いうならば国内テロをやっていたんだろうと思うんです。それが国家主権という枠がとれて外国の占領するところになって、今フセイン体制の残虐性というものが世界の目にさらされているんだろうというふうに思うんですね。

それから、もう一つ申し上げますと、今のイラクの現状を第二のベトナムとか、あるいはベトナム化というふうにおっしゃる方がいます。私はこれにはやや留保を要すると思います。一つは、やはりテロというのが極めて心理的な戦いである。実質的な物質的な破壊ダメージよりも、人の心に与える影響をねらった戦いである。とすれば、我々が今のイラクの現状を第二のベトナムだとか、あるいはベトナム化すると思ってしまった段階で、我々はテロに屈している。あるいは我々がそう思えば、イラクが第二のベトナムになるだろう。

もちろん国際政治は精神論では通用しませんから、我々が第二のベトナムにしないんだと頑張ってもそうなってしまうかもしれません。しかし、私には我々が第二のベトナムになると思い込んでしまったときに、ほとんど不可避的に事態は第二のベトナムになるだろうと思えます。つまり、我々の楽観論は大して役に立たないかもしれないけれども、我々の悲観論は確実に現実を不幸な方にもっていくだろうということが一つであります。

それから、ベトナムについてあと二つ、ベトナム戦争という戦争はいつ始まったかはなかなかよくわからない戦争ですけれども、しかし、トンキン湾事件から一九七三年のアメリカの撤兵まで数えても一〇年近く続いた戦争です。イラクでの戦争は三月の開戦から今日に至るまでたかだかまだ八ヶ月に過ぎません。この二つを単純に比較するというのは、私はかなり没歴史的な議論だというふうに思います。

そして三点目、このベトナムという表現について最も重要なことですが、かつてのベトナムと今のイラクとは何が違うのか。今のイラクにはホーチミンはいないのであります。今イラクでテロをおこなっている勢力は、米英外来勢力を追い出した後に自分たちの秩序を構築するという目的は持っていないのであります。それが「ベトコン」との最大の違いであります。ホーチミンのいないベトナム、これをベトナム戦争と呼ぶことはできないでしょう。いかにフセイン残党といえども、米英勢力を追い出した後にフセイン政権の再建ができるとは思っていない。つまり、彼らはネガティブな破壊勢力でしかない。その先の建設的ビジョンをイラクの国民といかなる意味でも共有できない組織であるという点で、ベトコンとは根本的に違うということを申し上げたいと思います。

日本に何ができるのか

さて、もう時間がございませんから、日本について一言、二言だけ申し上げます。二つだけ申し上げましょう。一つは、日本という国は自分の国が国際社会に占める位置、自己イメージがなかなか結実しない、難しい国です。一方では、日本が何かしないということ、つまり日本の不作為が国際社会にどれだけ大きな影響を与えるのかということについて、極めて無頓着なところがあります。他方で、アメリカに対して毅然として言うべき事は言うべきだというような議論がよくなされるように、日本の作為、日本が何かすることの影響力を過大にとらえるところがあると思います。恐らくこれは両方とも間違いである。日本の不作為は日本が思っている以上に大きな影響を時として国際政治に与えるが、日本が何かしたからといって、じゃあ国際政治が大きく変わるかというと、それほど大きな力を日本は持っていない。自分の不作為についての過小評価と、自分の作為についての過大評価の間で日本外交は錯綜している。

なぜか。日本の国力がインバランスだからであります。経済力では世界第二位、しかし軍事力では見るべきものがなく、文化発信力でも弱く、国土は狭く、人口は一億二、〇〇〇万人、対外依存度が極めて高いというインバランスな国力を持った日本は、経済第二位というところへ着目すれば日本がやることは非常に大きいと思ってしまい、そして日本の脆弱性や軍事力の弱さを考えると、日本がしなくたって大丈夫でしょうというふうに思ってしまうという、非常にその辺が自己イメージの揺れ動く国であるということを申し上げたい。

アメリカとの関係で申しますと、私はアメリカの力が弱体化するということは絶対に日本の国益にかなわないことだと思います。それを加速するようなことを日本外交が協力すべきでは全くない。他方でいかに大きな力を持ったアメリカであろうと、アメリカが粗暴かつ身勝手に振る舞えば、これも日本の利益にならないことは言うまでもない。私どもの外交はそういう意味で非常に狭い橋を渡っていかなければならないのであって、アメリカの力を弱めてはいけない。しかしながら、アメリカをより国際協調的にしなければならない。その中で日本に何ができるのかということを考えなければならない。反対のための反対を繰り返して、アメリカの力を弱める側に加担しても意味がない。しかしながら、アメリカのやり方を放置しても、これでは危険である。そこでの判断というのを迫られているんだろうと思います。

そうした中で、日本にとって大事なことは、私ども日本が実はそれほど重要なアメリカについてどれほどのことを知っているのか。宗教について知らないというご指摘がございました。じゃあ政治や経済について、アメリカの歴史について、私どもがどれだけ知っているでしょうか。もっと申しますと、我々今の日本人が世界のことをどれだけ知っているでしょうか。中東がこれだけ混迷している中、私どもの日本社会がどれだけの中東専門家を今まで養成してきたでしょうか。私どもの知的インフラというのは極めて脆弱である。ネオコンという言葉が出てまいります。ネオコンというのは本来非常に難しい言葉ですが、なぜ一般の人々までネオコン、ネオコンとこれだけ使うようになっているのか。私は恐らく日本の外交政策に関わる専門家の知的コミュニティが余りに弱いために、本来専門家の間で吟味して使われるべき言葉が、そのような吟味を経ずにあっと言う間にメディアの間に広がってしまうということの現れではなかろうかと思います。

そして、私どもにとって日米関係がこれほど大事だとすれば、今の日本はそのアメリカの中枢部にどれだけ本当に幅広い人脈を持っているだろうかということを考えますと、来るべきアメリカの大統領選挙を踏まえて、私どもの反省すべきところは極めて大きいと存じます。少し時間をオーバーしまして失礼いたしました。

中川　ありがとうございました。

共和党に浸透した宗教右翼の世界観

アメリカ国民の宗教的世界

栗林　この春のことでしたが国会の論戦の中で、小泉総理大臣がイラク新法の是非をめぐって「イラクが危険かどうか、そんな神学議論をいつまでも続けていても仕方がない。それよりも日本が国際貢献をどのように行うか、その姿勢を示すべきだ」という発言をされました。いつまでも抽象的な「神学」の論争に時間をかまけていてもしょうがない、むしろ具体的なアクションが今日、国際社会のなかで日本が求められていることがらだという趣旨でございました。

私は、実は小泉さんの発言趣旨からいたしますと、「いつまでも続けていてもしかたのない神学」という学問をもうかれこれ三〇年以上行ってきました。小泉首相からも皆さんからも、「何と悠長な！」と鼻先でフフンと笑われるかもしません。さて私は今お三方の議論を拝聴させていただいていましたが、イラク戦争の動因分析であるとか国際情勢の進展具合、それからブッシュ現政権下のアメリカの外交施策など、どれも興味深いものばかりでした。今回のこの討論会では内政の話はほとんど触れられないようですけれども、そうしたアメリカの内政外交問題にいたしましても、日本のマスコミ論議の中ですっぽりと抜け落ちているのが、実はこの神学、つまり宗教的世界観が現実のアメリカの政治のメカニズムの中でどう働いているのか、その問題ではないだろうかと思います。

日本の議論の中で欠落しているのは、イラク戦争が、まず第一にユダヤ・キリスト教の世界とイスラム文明圏の衝突という、これは長い対立の歴史をもっていますけれども、それが今また二一世紀初頭になって立ち起こったということではないのか。それからもう一つ、アメリカの政治風土にある宗教的世界観、キリスト教的な「ものの見方」が一体いかほどの実際的影響力をアメリカの政治次元に持っているのか。いや、アメリカがかくも突出した超大国、非常に大きな軍事力を持ったスーパーネイションになった今、そうしたアメリカ国民が抱いている宗教的な世界文化観、これは絶対に無視することができないと考えています。

さて先ほど森先生がマクロ的な視点から、最近の世界情勢の宗教的な読み解きをなさいました。歴史の進展を政教分離の問題、世界の世俗化といった側面からお話しくださいましたので、それを継ぐかたちで私は神学者として、キリスト教における政教分離の考え方、それから世俗化を生身のアメリカ人がどう捉えているのか、それも宗教右翼と呼ばれて今注目を浴びている人々がどうしたいと考えているのか。その辺の事情を述べて議論の続きにしたいというふうに思っております。

日本の保守勢力とアメリカの宗教右翼

数年前の二〇〇〇年のこと、当時の日本の首相だった森さんが「日本は天皇を中心とする神国である」という、有名な「神の国」発言をされました。すなわち「宗教をもっと大切にせよと、なぜ教育の現場で言えないのか」と、戦後教育を批判して物議をかもし出したことがありました。戦後の日本人というのは、神様を大切にしようとする人間として最も大事なことを忘れてしまった。日本は天皇をいただいた神国であるということを、国民がしっかりと承知しておかなければいけない。かつて日本という国には、鎮守の社であるとか、神社やお寺、お宮があって、それを中心にしっかりした地域社会があった。人命を殺めてはならないという教えが大切に守られて、天照大神であれ、神武天皇であれ、宗教は日本人の心の文化であった。それを大切にしようとなぜ今言えないのか。学校でどうしてそれが教えられないのか。政教分離だから触れてはいけないのか。いやそれはおかしかろう。神仏を大切にしようと学校、社会、家庭で言うことが、国際化のなかで日本という国にとって一番重要なことではないのか。――大体がそういう趣旨のことでした。

他方、太平洋を隔てて今日の議論の的になっていますアメリカで、ほぼこれと同じことを今度はキリスト教を下敷きにして叫んできましたのが宗教右翼ないし右派、以前はキリスト教右翼というふうに言っておりましたが、そういう宗教的な政治勢力でございます。

その人たちが言うのには、アメリカという国はもともとがピューリタン（清教徒）たちが、聖書に基づいて地上に神国を創ろうとして出発した国だったと。かつてのアメリカには地域の教会を真中にして、聖書の教えが社会の隅々まで浸透していた。ところが時代が経るにつれてアメリカにも雑多な移民が流れ込み、悪いことには世俗的な人間中心主義、ヒューマニズムも流行ってしまい、いつの間にか国の大切な宗教的精神が忘れられてしまった。アメリカ文化も浅薄な人間中心主義の軍門に降って、議会も政府も神を敬おうとしなくなった。先ほど森先生が触れられましたが、世俗主義者に政府や行政機構が乗っ取られて、彼らに牛耳られるようになった。いや司法すら、神から与えられた人命という聖書の考え方を忘れて、かってな妊娠中絶を合法化する始末である。一九六〇年にはとうとう連邦最高裁は、合衆国憲法第一条の国教禁止条項、あるいは政教分離の原則といってもかまいませんが、それを盾にして公立学校で神に祈ることを禁ずるという暴挙に出た。以来、教育現場の荒廃は目を覆うばかりで、非行はうなぎのぼりに増え、ドラッグも蔓延してどうにも手をつけられなくなってしまった。学校でどうして宗教を教えてはいけないのか。神への祈りを復活させねばならないのではないか、と。

アメリカというのはキリスト教、それもプロテスタントの国であって、ベンジャミン・フランクリンを除けば、ファウンディング・ファーザーズ（Founding Fathers）、つまり「建国の父」は皆熱心なキリスト教徒であった。今こそ家庭、地域、学校に敬神の心を復興して、行政、立法、司法、社会の隅々にまで、聖書に基づいた国の精神を復興すべきである――そんなことをずっと唱えてきたのが宗教右翼の人々でした。

もちろん日本とアメリカでは、神や神の国についてもコンセプトが異なりますけれども、宗教伝統を軸にして国を一つにしていこうとすることではどちらも同じです。グローバリゼーションに突入した時代、世界統御の枠組みは今や大きく再編成されようとしています。つい十年ほど前までは東西対立といったイデオロギー上の対立がありましたけれども、それが今では各地域の民族、宗教、人種といった要素が複雑に絡み合って紛争が頻発し、一国のアイデンティティーも激しい波に洗われる時代になりました。そんな中で宗教を元にして国家と国民を一まとめにしようという動きでは、日本の保守勢力もアメリカの宗教右翼も一緒であると私は考えています。

原理主義者の台頭

さてこの宗教右翼という現象ですけれども、アメリカでは八〇年代のレーガン政権時代から、宗教右翼が共和党に著しく浸透いたしまして、キリスト教福音派や原理主義者の動向が次第に新聞紙面を飾るようになりました。それまで原理主義といいますと、大体がおとなしい、むしろ政治の汚泥には首を突っ込まないで自分たちだけのコミュニティをつくって閉じこもる傾向が強いものでした。あるいは福音派と呼ばれる、ブッシュ政権を現在多くが支持している人々も、やはり教会は政治には関わるべきではないという立場をとっていました。それよりも、もっと心のなかの魂の安らぎ、道徳的な家庭での生活を大切にするというようなことが指針で、政治には余り熱心に関わりませんでした。ところが六〇年代末から七〇年代と、アメリカの価値観が随分揺らいだとき、これではいけない、もう一回キリスト教をもとに建国の精神にもどらねばならないと思う人が多くでるようになりました。性革命が唱えられたり、アファーマティブ・アクション（affirmative action）で黒人の社会進出があったりと、従来の社会基盤を形成していた白人プロテスタントの人々は、たいへん危機意識を持ち、それ以来アメリカの政治だけでなく、宗教の事情というのも大きく変わりました。こうしたアメリカの宗教事情の変化を背景にして登場してまいったのが、先ほど来話題になっている宗教原理主義者、宗教右翼でございます。

私はキリスト教の神学が専攻でございますから、こういった人々が一体何を考えているのかが、とてもひっかかります。戦争というのは現代では、一国の人的資源が総動員される総戦力戦でございますから、どんな人も命のやりとりをする危険性がある。そういったとき、一体自分は何のために生まれ、何のために死ぬのかを真剣に考えざるをえません。もちろん今回のイラク戦争は、地政学上のいろいろな事情や、石油の利権獲得闘争といった要因もありますけれども、それだけではおさまりません。一国が戦争をするというときは、血を流して倒れていく兵士とその家族をじゅうぶん納得させる道理がなくてはいけない。宗教というのは、そういった非常時にまさに国の強力な支えになるものでございます。

話を元に戻しましょう、キリスト教原理主義というのはいったい何なのか。原理主義という言葉は「イスラム原理主義」で随分名をはせましたけれども、もともとはキリスト教の「ファンダメンタリスト」(fundamentalist)、根本主義者と昔は訳しておりましたが、信仰的に極右な人々を指していた用語です。そうした人々の拠り所は何かというと聖書で、かれらは聖書を一字一句まで正しい神の言葉であると考えてゆずりません。聖書には客観的な唯一無比な真理が込められている、というのが原理主義者たちの聖書観で、イスラム原理主義者もコーランの教えが絶対で、そこには神の誤りない言葉が述べられているとする点では、アメリカの原理主義者と変りありません。

さてアメリカの原理主義者、それから福音派の多くは今日、ブッシュ政権によるイスラエル全面支持の外交政策を強く支持しています。

キリスト教による世界改造

なぜこうしたクリスチャンたちがイスラエルの全面支持を唱えるのかといいますと、これは聖書に書いてあるから。旧約聖書の創世記一二章には、イスラエル人の先祖アブラハムに向かって、神が「あなたの子孫にこの土地を与える」と約束をされたという言葉があって、その言葉は絶対的真理であるというわけです。これは外交問題に関わることですが、国内のさまざまな政治についても、かれらは聖書のほうが世俗的法よりも上位にあるという態度をとります。なるほどアメリカというのは政教分離の原則を持った近代国家ではあるのですが、それに不満をもつ多くの人々がいる。もう一度、アメリカの建国の宗教精神に立ち返らないといけないと思う人々がいるわけで、こうした不満を吸い上げるかたちで宗教右翼が登場し、共和党を背景にしてブッシュ政権の中に大きな浸透力を獲得した。それがこの間のアメリカの大きな政治事情なのだと思います。

アメリカという国をキリスト教にしたがって再編していく、そうした宗教右翼の試みは、妊娠中絶法への反対であるとか、学校で進化論を教えるか否かの問題であるとか、内政に関して指摘すればどんどんできるわけですが、外交に関しては先ほども申し上げましたようなイスラエルの全面支持で、福音派と原理主義者の多くが一致してブッシュ政権の後押しをしています。

最近の宗教右翼の神学の流れの中で、再建主義という考え方が出てまいりまして、ただアメリカをキリスト教化していくだけでなく、全世界をキリスト教的でアメリカ的な価値観によって再編していく動きも見逃せません。中東にまで出かけていってアメリカ的な「自由」と「民主主義」を植えつける、独裁政権は必要とあらば力をもって倒していくという積極的なホワイトハウスの外交政策の背後には、世界をキリスト教的な考え方で改造していくという宗教右翼の影響力がまるでないというわけではない。やがて来たるべき神の国、キリスト教というのは世界の終わりにはイエス・キリストの再臨があって神の国が成就するということを信じる宗教ですが、キリストの再臨のためにも世界をおしなべてキリスト教で統一していかなくてはいけない、そういうことを論じる極端な宗教右翼の神学的な流れもございます。共和党の全部ではないにしても一部の政治家の世界観になっているのは、実はこうした原理主義ではないのか。

多くの人々がそれとは知らずに、こうした世界改造をねらう原理主義を後押ししていると指摘する識者がアメリカには少なからずいます。現在「ボーンアゲイン」とか福音派とか、あるいは宗教右派であるとか、そうした種類のキリスト教の伸長が著しいわけですが、こうした宗教事情をいちおう頭に入れておかないと、同盟関係にあるアメリカの外交施策を見るうえでも、日米関係を考えるときでも見間違える危険がある。このところを押さえておく大切さは後で議論になるかもしれませんが一応、ここで発題を終わらせていただきます。

討論

中川　四人の先生方ありがとうございました。

イラクの問題は後で議論するとして、初めに大分時間も残り少なくなってまいりましたが、アメリカというものについて少し議論をしていただきたいと思います。森先生はアメリカは進化論的な立場に立ったがゆえに、自分自身ではもう変わらない、外から変えるしかないという……。そういう提起をされましたが。村田先生はアメリカの現在の問題というのはいわば、私の理解ですが、軍事的、経済的に余りにも一極、強い力を持ち過ぎたがゆえに起きている現象であるという、いってみればアメリカが問題であるというよりは、アメリカの置かれている問題、位置が問題だというふうに私は理解をしました。その辺でいかがでございましょうか。森先生はアメリカはそもそもその辺の内から変わる、変わり得るのかどうか。どういうふうに変わっていくのかというふうにごらんになってますでしょうか。

森　栗林先生がご指摘になった宗教右派、あるいは世界をキリスト教化していくんだというような考えを持っている人々が、アメリカの中でどれぐらいいるのかというと、これは少数派であるわけです。政治的には一八％というかなり大きい力を持っていたとしても、それは少数派なんですね。ただネオコンと共有しているアメリカの使命感という彼らの主張が、彼らが少数派でありながら多くのアメリカ国民の支持を得るのはなぜなのだろうかということを考えなければいけない。実はそれが独立宣言に書かれてあるアメリカ建国の大意なんです。

すなわち啓蒙主義の基本的人権、あるいはブッシュが繰り返す自由。これをもう少しまとめると反全体主義の主張です。アメリカはこれまでずっと全体主義と戦ってきたんだ。第一次世界大戦から第二次世界大戦、朝鮮戦争、ベトナム戦争、そしてフセインとの戦い、これらはすべて全体主義との戦いであったという意識です。それを表現していくときに、アメリカの場合には宗教的表現をとるわけです。なぜかというと、独立宣言が書かれたときには、ほとんど一〇〇％の人たちが聖書の神を信じていたでしょうし、現在でも国民の九〇％は聖書の神を信じる人たちだからです。ですから、自由だとか平等だとかいうときにも、実はそれは神から与えられたんだとか、あるいはこれを実現していくことが神から与えられた使命であるというふうに言った方がよりふさわしいし、より自然であるからブッシュはそうするんであって、非常に偏狭に世界をキリスト教化するんだというような考えがアメリカの主流であるというふうに考えるのは、ちょっと違うと思っています。

アメリカの宗教伝統の中には、自己絶対化を行っていくような原理主義的な流れと、もう一つそうじゃなくて、アメリカ自身を批判の対象にしていくような流れが歴史の中にずっと存在してきました。現在もキリスト教の中で、この二つのグループは、大体半分半分の勢力なんです。ただ、保守派の方が組織化が上手だし、発信力もあるから目立つのです。そこでリベラルなグループからの発言、カウンターバランスとしてのリベラルなグループの発言というものをどうやって我々が期待し、それと連帯し、助けていくことができるのか。

先ほども申しましたように、アメリカを変えることができるのはアメリカしかない。これは村田先生とも同感なんですけれども、幾らここで批判しても、それだけではアメリカは変わらない。変わるような形での批判の仕方をしなければだめだというのが私の考えです。

中川　現在のアメリカの世界におけるポジションですが、今、森先生がおっしゃったようにかつては全体主義と戦うという発想、行動が大変目立ったようですが、特に一九八〇年代以降のアメリカについて豊下先生がご指摘になったのは、むしろテロリストを後ろから生み出していくような、そのような役割を果たしてきたというご指摘があったんですが、その辺豊下先生はどうして一九八〇年代以降アメリカのそういう振る舞いというのが我々から見て伝統的なアメリカの姿とは違ったような振る舞いをとるようになったのかという点、もう少し補足していただけませんでしょうか。

豊下　その問題も重要なのですが、改めて今回のイラク戦争の性格について指摘しておきたいと思います。かつてのアメリカの戦争は、朝鮮戦争であってもベトナム戦争であっても、少なくともアメリカの側からすれば、共産主義の侵略や浸透に対する防衛戦争という側面を持っていたと思います。今回の場合も、もちろんテロリズムに対する防衛戦争と言えるかもしれませんが、しかし根本的には、先ほど申しましたように、イラクの民主化から始まってそれを中東全域に拡大して新秩序をつくっていく、そういう性格をもった戦争であります。しかも、マックス・ウエーバーの言う心情倫理そのままに、自分の信念は正しい、したがって当然正しい結果がもたらされるはずである、もし間違った結果が生じたとすれば、それは周囲がこの信念の正しさを理解しなかったからだという、そうした政治的熱情にかられて戦争が展開されてきました。アメリカの外交史において、こうした信念に基づいて自ら戦争に打ってでて新秩序の形成に乗り出すというような外交というものが、かつてあったでしょうか。振り返ってみますと、恐らく二〇世紀初頭のセオドア・ルーズベルトの時代、西半球の遅れた国々を戦争をもってしても文明化させていくという、俗に棍棒外交といわれる外交がそれにあたるのではないでしょうか。いま私たちが直面している戦争は、このような歴史的な性格をもっているということを改めて強調しておきたいと思います。

ところで、村田先生がおっしゃるように、まさに帝国のあり方をめぐって私たちは学習の過程にあるのでしょうが、これは非常に値の高くつく困難な学習だろうと思われますね。やや古い話ですけれども、例えば古代ギリシャの場合もアテナイの帝国とか、あるいはスパルタの帝国と言いましたけれども、もう少し今のアメリカ帝国よりも知恵を働かせていたようです。しかもそのあり方は、先ほど日本外交の問題にも触れられましたけれど、とりわけ一九六〇年代以降のアメリカに対する日本の外交スタンスを考えるうえで参考になるのではないでしょうか。

と申しますのは、御承知のように西ヨーロッパとは違い東アジアの場合は、アメリカを軸として日本や韓国やフィリピンなどがアメリカとの間で個別に二国間同盟を結ぶという、いわゆるスポークス・システムが特徴であります。ところが実は古代ギリシャにおいても、ペロポネソス同盟であれデロス同盟であれ、各加盟国がアテナイやスパルタとそれぞれ二国間同盟を結ぶことによって成り立っていたのです。問題は、それではアテナイやスパルタは勝手な行動をとれたのかといいますと、必ずしもそうではないのです。実は、これらの強国と二国間同盟を結んでいる国々の間で集団的な協議の場が設けられていて、その協議の結果をアテナイなりスパルタなりが真剣に考慮せざるを得ないような仕組みが作られていたのです。つまり、知恵を働かせて、一つの帝国というものが簡単には独走しないようなシステムというものを、それなりに考えていたわけですね。

そこで改めて、村田先生が触れられたベトナムの問題ですが、たしかに御指摘のように、ベトナムの場合の解放戦争と今日のイラクの状況とは大きく違うと思われます。しかし、泥沼化していく過程としてはよく似ているわけです。そこで思いおこされることは、かつて高坂正尭先生が一九六〇年代の後半から一九七〇年代にかけて、「なぜ日本外交は誤ったベトナム戦争についてアメリカに直言できないのか」という問題をずっと考えられていたことです。というのも、高坂先生はかなり早い段階から、ベトナム戦争というのはアジアを理解しないアメリカの誤った戦争だと認識されていたからです。ところが、当時の佐藤政権は先進国の中でただ一国、ずっと一貫してアメリカのベトナム戦争を支持しつづけました。その理由はおそらく、六〇年代を通してアメリカが中国封じ込め政策をとってきたように、何よりも中国の脅威がある、その脅威に日本も直面している、だからアメリカに日本を守ってもらわねばならない、というところにあったのでしょう。だから高坂先生も、こうした中国の脅威があるから、間違った戦争であってもアメリカを支持せざるを得ないのであろうと考えられておりました。ところが、気がつけばアメリカは一九七一年七月のニクソン・ショックによって、一転して中国との和解に踏み出しました。その後、高坂先生はしばらく筆をとることができなかった、ということです。また、佐藤政権も退陣に追い込まれることになりました。

当時キッシンジャーは、米中和解についてなぜ事前に日本に相談しなかったのかという質問に対して、「日本のように国際政治上重要でない国に事前に知らせる必要はない」といった、かなり侮蔑的な表現を用いました。結局のところ問題は、日本がどれだけ独自の外交戦略を持っているか、ということだろうと思うのですね。それがないから、誤った戦争であっても直言すべきときに直言できない、その挙句にアメリカの外交戦略の転換に振り回されてしまうことになるわけです。このように歴史を振り返ってみますと、いま大きな学習課程かもしれませんが、日本が本当にアメリカの友人であるならば、誤りは誤りとして直言していくことが大変重要ではないか、というように考えます。

中川　豊下先生のお話が今のイラク状況になりましたので、もう必然的に議論がイラクになりますが、豊下先生の挙げられたベトナム化の問題を提起されたのが村田先生でもありますし、村田先生にご発言をいただきたいと思うんですが、四、五年は歴史家の、つまり評価ができないということは、これは私の質問であるんですが、四、五年はとにかくアメリカのやることをそのままにやらせておけということになるのでしょうか。その辺がちょっと誤解を……。私はそういう誤解をしかねないように思いましたので。

村田　まず最初のご質問に答えますと、私、四、五年と言ってたんじゃなくて、五年か一〇年か一五年かわからないと申し上げたんですが。それはこの戦争の開戦理由、この戦争は何のために戦われた戦争だったのかという問題について、五年や一〇年はなかなか結論が出ないということであって、その間にイラクの復興支援について何をしていくのかというのは、それはまた別問題であろうと思うんですね。

それから、歴史の判断と現実の政治というのはもちろん違うのであって、現実の政治というのは限られた情報と限られた時間、プレッシャーのもとで判断をしていかないといけませんから、四、五年は私どもがアメリカの言うとおりしていればいいということにはもちろんならないんだろうと思うんです。

それから、アメリカは内からしか変わらないという話について申し上げますと、私も確かにアメリカが国際政治の中で巨大なプレゼンスを持っているということが大きな問題の源泉だと申し上げましたが、同時にアメリカ社会が抱えている問題や、このブッシュ政権が抱えている問題もあるんだということを申し上げました。しかし、一番根本的、構造的な問題は一つの国が余りに大きな力を持っているということであろうということなんですね。

じゃあこれはどうしようもないのかというと、私の答えはノーでして、一つは冒頭でアメリカは最低の帝国である、ただし、歴史上実在したすべての帝国を除いてはと申し上げましたけれども、何とならばアメリカが開かれた社会であるから。そしてアメリカに多様性と多元性が内包されているから。そしてアメリカという「帝国」が国際社会の相互依存の網の目の中に絡みとられているから。したがって、私はアメリカが国際協調の枠組みに帰ってくる可能性は十分あり得ると思います。

つまり、NGOを通じて、あるいはさまざまなコンタクトを通じて、企業活動を通じて、市民団体の活動を通じて、我々がアメリカの社会の内部に働きかけることもまた可能なわけです。政府レベルの関係だけではございません。そして、それを許容する開かれた社会をアメリカは持っている。

もう一つの理由は、今アメリカが一番恐れているのはテロだから。いかなる超大国といえども一国で国際テロに対応することはできないから。必然的にアメリカは、国際協調の枠組みに帰ってこざるを得ないと思っています。そういう意味で、私は希望と可能性は十分あることであろうと思います。

それから、豊下先生から幾つかご指摘をいただきましたので、それにも触れながら申し上げますと、歴史上存在したすべての帝国を除いてアメリカは最低の帝国だと申し上げた。アテナイやスパルタはというお話がございましたが、アテナイやスパルタは地域帝国ですよね。グローバル帝国ではない。しかもホモジーニアス（homogeneous）な均質的な文化・文明を共有した帝国であって、今のようにグローバルでイスラムも仏教も、ありとあらゆる民族・文化を抱え込んだグローバル帝国ではないという点では、やはりこれも条件が違うんじゃなかろうかなという気がいたします。

それから、一九六〇年代も中国の脅威はあったというお話ですが、もちろん中国の脅威がそのころ盛んに言われたことは事実だと思います。しかしながら、当時の中国はたかだか軍事力において日本を脅かせるか、あるいはイデオロギーにおいてアメリカにチャレンジするかというところであって、経済力において二一世紀のしかるべき時期に日本とアメリカを追い越すかもしれないという勢いには全くなっていないわけですね。つまり、中国脅威論というのは過去にも語られたことはあるけれども、それは中国の軍事的拡大について語られたわけで、今や我々は中国の経済的台頭についても語らなければならないという点では、今日の中国の、私は脅威とは呼びませんが、中国に対して国際社会が持つある種の不安というのと一九六〇年代のそれはかなり質が違うのではなかろうかという気がいたします。

アメリカに対して日本が友人として直言しなければならないというのも、これは私は原則として豊下先生のおっしゃるとおりだと思います。しかし、政治の問題としていうならば、「どのように」という問いに対する答えがなければ、それは余り意味のない問いかけではなかろうか。あるいは直言が果たして最もよいのだろうか。我々は直言せずに静かに語りかけることの方が、あるいは効果を持つことがあるんじゃなかろうか。とりわけ世界中でこれだけ反米感情が高まり、世界の多くの政府がアメリカを批判する中で、同盟国が直言することはそのままストレートに効果を持つのか。あるいはネガティブなインパクトを持つのか。その点についてもかなりこれは外交的に考えてみないといけないことだと思います。あるいは、直言した方が効果のあるイシュー（issue）もあるかもしれませんが。

それから、アメリカが使命感を持って、信念を持った国というお話があって、私はこれも事実としてそれを否定するつもりはありません。そして、そこにある種の危険性が伴っていることも言うまでもありません。ここが国際政治の難しいところなんですけれども、しかし世界でこれだけ大きな力を持った国にもし信念がなかったら、そのとき世界は幸せでしょうか。信念のない超大国に支配される世界は幸せでしょうか。これも難しい問題でしょう。過剰な信念を大国が持つということは危険だけれども、世界をリードすべき大国に信念や使命感がなければ、そのとき世界はどうなるか。二者択一の問題ではないんですね。だから、難しい。悩まなければならない。

そして、アメリカがつくり出そうとしている秩序に文明的偏見があったり、人種的偏見があったりさまざまな問題がある。これもおっしゃるとおりだと思うんです。しかし、ここも難しいところなんですが、だれがどのような秩序をつくろうと、秩序が秩序である限り必ず不満は存在する。それとどう共存していくかというのが我々の知恵だということを申し上げたいと思います。

中川　村田先生のおっしゃった超大国に使命感がなくていいのだろうかという問いかけに、栗林先生はどのようにお答えになりますでしょうか。

栗林　その使命感の内容が問題だろうと思いますよ。昔から「マニフェスト・デスティニー」(manifest destiny) ということで、よく言われてきたのがいわゆる「白人のアメリカ主義」です。白人を中心にして未開の地に文化を広げていくことが、アメリカという国に託された運命であるという西部開拓のイデオロギー。アメリカというのはそれで大きくなっていった国で、国内的には先住民インディオの抑圧や、黒人奴隷の長い歴史があり、現在においてもアフリカン・アメリカンの人々が苦渋を余儀なくされている。アメリカという国は、それほど「開かれた国」かというと、それは疑問です。私は一九七〇年代の後半から一九八〇年代の真ん中ぐらいまでの一〇年程でしたが、滞在して暮らしていたときには、まだリベラルな人々が大勢活躍していて、何とかベトナム戦争の経験を生かして、戦争と貧困のない「偉大な社会」を創ろうとしていました。戦争はもうしない、そして国内的にもアファーマティブ・アクションであるとか女性の解放であるとか、それを盛りたてていこうという機運がまだまだありました。

ところがこの間、9・11事件があった直前から一年半ばかり滞在していまして、アメリカが国をあげて戦争に傾いていく状況を目撃するという機会がありました。そしてすでに政治的にも宗教的にもリベラルが退潮していって、嘲笑の対象にさえなっているのを知って驚きました。かつては進歩的なリベラルといえば一目置かれていましたけれども、今はリベラルと言ったら、まるで現実を知らない無責任者といった受けとり方で、キリスト教でもリベラルはずいぶん退潮してしまっています。

そんなわけで私はかなり悲観的なんですが……。でも先ほどお尋ねのあった、一体どんな勢力がアメリカ国内で現状に歯止めをかけえるのか、希望はどこにあるのかの御質問にお答えしますと、それは、今回のイラク戦争を支持しなかった人々に表われていると申し上げられます。では具体的に誰かといえば、アフリカン・アメリカンを先頭とする少数民族です。戦争になれば一番の犠牲者になって血を流すのは、前線の、それも下級兵士であって将校ではありません。職がないので兵隊になる場合が多いのですが、そんな人々がアメリカンといった少数民族出身の若者は、職がないので兵隊になる場合が多いのですが、そんな人々が戦争の最前線に送り出されていく。兵卒における少数民族出身者の割合というのは人口比にすると倍になります。そんな中、黒人教会は信仰的には非常に保守的な福音派が多いのですけれども、政治政策的にはブッシュ政権の戦争政策を、批判的な眼でとらえる大きな基盤になっています。アメリカの日系人も少数者としてさまざまな差別を体験してきました。一見開かれた社会としてアメリカは宣伝されますけれども、その内実はそれほどきれい事では済まされません。差別を一つ一つ血の滲むような苦労をしながら克服してきた、そうした人々の批判的知性が、やはり今後のアメリカを考えるときの貴重な財産になる。本当に開かれた社会、複合的民族国家、共生という理念をアメリカが目指すのであれば、そこに希望があるだろうと私は思っています。

中川　アメリカについての幾つかの分析がいただけまして議論が深まったと思います。この問題はさらに念頭に置くとして、日本がアメリカとどういうふうにつき合っていくのかという問題に少し時間を割きたいと思います。

村田先生でしたか、日本の不作為というのは大きく影響を与える、しかし作為はそれほど大きく影響は与えないという、そういうご指摘だったと私は理解しました。もう一つは、ここは直言をせずに静かに見守るのも一つの対応であるという、日本のこれからとるべき道について一つの暗示的な示唆があったように思うのですが、その辺のところで豊下先生はいかがお考えでしょうか。

豊下　先ほどの中国の問題については、村田先生がおっしゃるように経済的な位置の違いがあるということはその通りですけれども、私が申しあげたかったことは、実は過去三〇年間、日本外交は同じことをやってきているのではないか、ということです。つまり、一九六〇年代後半の時期、日本はアメリカの中国封じ込め政策に誰よりも忠実に従いましたし、ベトナム戦争では最前線の基地機能を提供いたしました。佐藤政権は、このようにアメリカに貢献することによって発言権が得られるのではないかと考えました。ところが、すでに申しましたように、気がつくとアメリカは敵であるはずの中国と和解し、日本ははしごを外されてしまいました。

今日も同じ議論なわけですね。アメリカに軍事的に貢献することによって何か発言権を得られるのではないかと。しかし問題は、発言権を得て一体何を発言しようとしているのか、その中身が全く見えてこないということです。つまり根本的な問題は、日本外交が発言すべき戦略的なものを持っていない、ということなのです。だからこそ、三〇年間同じことを繰り返してきているのではないでしょうか。

そこで、先ほどのアテナイの問題ですが、なぜ当時の同盟のあり方に触れたのかと申しますと、仮に日本だけでアメリカに向かって直言することが難しいとした場合、今の状況は三〇年前とは違って、ヨーロッパとの関係もあり、何よりも韓国という存在がある、ということです。御承知のように、いま韓国もイラクへの派兵の問題で悩んでおりますけれども、例えばアテナイと二国間の同盟を結んでいる国々が集まって協議したように、日本と韓国が協議し合って対応を練る、両国が一緒になってアメリカに直言していく、というようなことができるならば、情勢は相当に違ってくるのではないか、ということを申し上げたかったわけです。

中川　村田先生、それに対していかがでございましょうか。

村田　日本外交に戦略ビジョンがない。そして、過去三〇年間ほど同じような外交パターンを続けてきたというのは、私は豊下先生のおっしゃることにおおむね賛成なんです。同じような認識を持っております。

しかし、ここ一〇年間で日本が置かれた戦略環境は変わったんです。つまり日本の行動パターンは同じかもしれませんけれども、日本が置かれた戦略環境は変わったんです。その点は無視できない。つまり、一つは日本経済が衰退している。過去三〇年間の前半二〇年間は日本経済は上り坂でございますから、日本は大した戦略ビジョンを持っていなくてもとりあえずお金で物事に貢献するということができたわけです。ところが、そのようなオプションが我々の中でどんどん小さくなりつつあるということです。そういう意味では、我々の戦略的知恵の必要性というのはむしろ高まっているといえるでしょうね。使える経済的な余力がなくなってきておりますから。

それから、もう一つ違うことは、冷戦期においては確かにソ連もある、中国もある、しかしそれは米ソのグローバルな対立の中で生じたことであって、ある国が日本を直接脅かすというような問題ではなかったんですね。ところが、今や我々は北朝鮮問題を抱えているわけです。これは米ソのグローバルな対立とは無関係ではありませんけれども、日本の領土に対する直接の危害を加える可能性のある、そういう近隣諸国をはっきりと持っていることがわかってきたということ。そのことは一九六〇年代や一九七〇年代とは大きな違いなのだろうというふうに思います。

それから、アテナイの例について先生がおっしゃったご趣旨は、私は誤解していたかもしれませんけれども、他の国と連携をするということですね。もちろん連携が可能な範囲もたくさんありましょう。しかしながら、例えば日韓とおっしゃいましたけれども、このイラク問題をめぐっての日韓の連携というのは、私はかなり難しいと思います。まず韓国はアメリカを信用していない以上にはるかに日本を信用しておりませんから、戦略問題で日韓のすり合わせをやるということは、しかも今の政権下ですね、盧武鉉（ノ・ムヒョン）の。私はこれはほとんど政治的現実の問題としては不可能に近いのではなかろうかというふうに思いますし、それから、私どもが非常に戦略下手、外交下手であることは認めざるを得ませんけれども、日韓がアメリカに対してカウンターバランスというか、アメリカを牽制すべく日韓が連携をとろうとしたときに、アメリカ外交がそれを妨害しないわけはないのであって、その妨害を乗り越えて日韓が何か意味のある提携を広げられるかというと、私はいささか懐疑的にならざるを得ません。しかも、根本的な事実として、韓国はイラクに派兵してアメリカを支持しています。

それから、過去三〇年間日本外交が変化していなかったということですが、私もう一つだけ申し上げますと、確かに日本は外交下手で一貫して戦略がなかったということは言えると思いますが、その大きな要件は我が国が軍事力について極めて自制的な態度をとっていたからです。つまり、戦略の非常に重要なオプションを自ら活用しないという姿勢を戦後の日本は持ってきたわけですね。日本人自身の戦略センスや外交感覚の弱さということはありますけれども、ほかの国なら活用するオプションを日本はできるだけ使わないでおこうという立場でここまでやってきた。つまり、ある意味でハンディを負って外交をやっているわけでして、そこが他国とは随分違うところだろうと思います。

ところが、この軍事というオプションについてここ一〇年来、これを限られた範囲ではあっても使うべきときには使うべきだという議論が今出てきつつあるというのも、過去三〇年の流れでいえば、ここ一〇年ほどの大きな変化と言えるんじゃないかというふうに思います。

中川　日本とアメリカ、日本と世界がどうつき合うかということはさらに議論を続けるとして、森先生、アメリカを政教非分離国家というふうに認められて、今後の日本外交にとっての大きな課題、どうつき合うかが課題であるというふうに言っておられますが、少しその辺でもう少し具体的なお話をいただけませんか。

森　ちょっとご質問の趣旨に反するかもわかりませんが、私は外交においては絶対的な正義だとか、絶対的平和というようなものは存在しないと思っています。相対的な選択を行っていく以外にはないわけであって、日本とアメリカとの関係ということについて考えますと、やはり現在のアメリカの一国主義的なイラク、中東への関わりというものは、アメリカの国益にとって有益ではない、別の戦略を描くべきだということを、同盟国として述べていくということが重要なのではないかと思います。

私は一番恐れるのは、イラクからアメリカが撤退してしまうことです。これは非常に危険なことであって、もしイラクからアメリカが撤退するのなら、その後どうするのかという国際的な支援体制というものが考えられる必要がある。もしそれがないままでアメリカが撤退するということが起こった場合には、これは非常に危険なことになる。私はそのようなことは起こらないと思いますが、しかし同盟国の態度によっては、アメリカは伝統的な保守主義の中に帰っていくかもわからない。そういう心配を、私は持っています。

それから、いわゆる理念、大義の問題についてですが、私はこのイラク戦争の大義の根元にあるアメリカの建国の大義というものは、普遍性を持っていると考えています。自由だとか、反全体主義ということについては、普遍的な真理性を持っていると思うんです。ただ、アメリカがそれを正しく理解できているのかどうかということに関しては、非常に心配です。例えば独立宣言の中に「すべての人」には自由を初めとして基本的人権が神から与えられていると書かれています。「アメリカ国民には」とは書かずに「all men」と書いてあるんです。すべての人には基本的人権があるんだ。その基本的人権を実現していくために建てられた国がアメリカなんだと言っているんです。現在、ブッシュ政権がこの「all men」の中にだれを含んでいるのかということです。

ブッシュ大統領は、「all men」のなかにパレスチナの難民キャンプにいる子供たち、あるいはアフガニスタンの子供たちを含めて考えているのか。そのような人々の基本的人権や尊厳を射程に入れて考えているのだろうか。そういう発言を、友人としてアメリカに対して行っていくべきではないかと考えています。

中川　ありがとうございます。

栗林先生、アメリカのリベラリズムの力が衰えた。かつてあったリベラルなアメリカが今大変心もとなくなっているというご指摘をされましたが、現在のアメリカと日本がどのようなつき合いをすべきかというふうにお考えでしょうか。

栗林　確かに私は先ほど、リベラルが今のアメリカですっかり退潮していることを指摘させていただきました。キリスト教にパット・ロバートソンという人物がいて、この人は現ブッシュ大統領の父親のブッシュ・シニアと、かつて共和党の大統領候補指名争いを演じた宗教右翼の大物ですけれども、その彼がずいぶん昔、リベラルの撃退方法を、第二次大戦中の硫黄島の戦いに喩えたことがありました。マッカーサー将軍は太平洋で日本に対して巧みな軍事戦略をとった。強いところは飛び越して、周囲からまず包囲して遮断した。そして爆弾の雨を降らして、相手が我慢できずに穴から這い出てきたら、待ち構えて白兵戦で個別撃破した。これと同じやり方をリベラルにすれば効果的で、議会で正面から対峙するのではなく、草の根の地方でリベラル派を個別に兵糧攻めにして選挙で追い落とす。そして最後に連邦政府で叩き潰す。硫黄島では確かにアメリカは苦戦したけれども、最後に勝利を収めたように、われわれがホワイトハウスと議会を制するのだ、と。今日ロバートソンらの宗教右翼の目論見は、ほとんど実現したかのように映ります。

そんな右傾化の現実があるわけですから、私は日本が真にアメリカの友人であろうとするなら、これは政策的に批判すべきところはしっかり批判しなくちゃいけないと思います。特に日本には北朝鮮という外交の重要課題があって、交渉には慎重さが求められています。ところがブッシュ大統領はそんなことにおかまいなく、北朝鮮は「ならず者国家」だとか、「金正日（キム・ジョンイル）総書記は大嫌いだ」といった発言をして、「強い信念」を披瀝しています。アメリカ大統領には信念があるから立派だ、というようなことでは、これは済まされません。アメリカの「信念」と運命を一体にするというようなことではなく、やはり日本には日本の、韓国には韓国のそれぞれにアメリカとは違った「国益」事情がある。北朝鮮には北朝鮮なりの国益上の理由があって、確かに独裁的ではあるものの、主権国家です。それをアメリカ国内にテロが及ばないよう、危険な国の政府は先制的に叩き潰していくというブッシュ・ドクトリンのやり方には、日本の独自の国益上の立場から考えても、是々非々の態度で対処してしかるべきだと思います。

中川　ありがとうございます。

現在、日本はイラクとの関係で何をすべきか。何をしてはいけないかということがかなり具体的に問われている状況でありまして、そのことを国会論戦あるいはよくあるテレビの討論番組のように、そこでイエスかノーかという議論を交わす場所ではありませんが、しかしやはりこの問題について最低限こう考えるというお考えだけは、ぜひこの場、この議論を締めくくるものとして承りたいと思いますので、まず村田先生からいかがでございましょうか。

村田　ありがとうございます。先ほど栗林先生がおっしゃったこと、最後のことだけちょっと申し上げますが、北朝鮮の問題ですけれども、全く同感なんです。しかし、これは誤解があってはいけないと思いますから申し上げますが、私の理解する範囲で今のブッシュ政権が北朝鮮に対して先制的な軍事行動をとろうとしていると考えている専門家はほとんどいないと思います。つまり、北朝鮮の方が極めて挑発的な行動を日本や韓国に対してやるとか、そういう明確なことがない限り、アメリカの側から北朝鮮に対して先制的な攻撃をかけることは、私はないだろうと思います。なぜならば同盟国である韓国や日本の被害が余りにも大き過ぎるからであって、その点がやはりイラクと地理的条件が違うわけですね。その点では、私はブッシュ政権というのは非常に原理主義的なところもあるけれども、極めてしたたかで打算的なところもあって、それほど単純粗暴ではないということをまず申し上げておきたいと思います。

それから、このイラク問題をめぐって日本が何をなすべきか。何をすべきではないかという問題でありますが、自衛隊のイラク派遣ということが今議論をされているわけであります。これは非常に悩ましい問題ですが、私数日前の新聞にもう既に書いたことですから、私自身の個人的見解を申し述べさせていただければ、私は日本は自衛隊を派遣するしか、現実問題としては選択の余地はないのだろうというふうに思います。そのことが正しいことなのかどうかということについては議論の余地は多分にあると思いますけれども、政治問題としていうならば、私は派遣するより選択の余地はもうないだろうというふうに思います。

難しいんですけれども、これもご議論の余地はいろいろあるんでしょうけれども、あえて申し上げれば、後でほかの先生方のご批判があればぜひおっしゃっていただきたいと思いますが、一つは今回の総選挙の結果ですね。これをどう判断するかと、これはまた難しいんですけれども。しかしながら、一つ間違いないことは、与党が連立でもって安定絶対多数を確保したということなんですね。そして、小泉総理が衆議院で再任をされたという事実は事実としてあるわけです。そして、この連立与党はイラク復興特別措置法を国会で成立させた連立与党なんです。その連立与党が、絶対安定多数を再び衆議院で握ったんですね。これは事実の問題です。そして、自衛隊をイラクに派遣すると繰り返し発言してこられた総理が、衆議院の場でもう一度内閣総理大臣に指名されたんです。これも事実の問題なんですね。

そうしますと、これは我が国が一つの選択を政治的にしたというふうに考えざるを得ない。総理が言っているだけだという話にはならないんじゃないか。もちろん与党自民党がこのイラク派遣の難しさというものを選挙の争点にしようとしなかったという批判はあり得ると思います。しかし、もしそうなら野党はなぜこれを争点にできなかったのか。野党の国民に対する責任はどうなるのか。与党が隠そうとしたのなら野党はなぜそれを正面から総選挙の争点にして戦えなかったのか。野党の責任も重大である。それから、与野党がこの問題をこの総選挙のときに主要な争点にしなかったとしても、国民は政党が争点にしなかったからこの問題の重要性について、私ども有権者は気づきませんでしたで済むのだろうか。あるいは、選挙のときと今とではイラク情勢は変わっているという議論もあり得るかもしれません。しかし、イラクの現状を考えれば、一週間か二週間か一ヶ月で状況が大きく変わる可能性があると私ども有権者は思いもよらなかったと言って済まされるんだろうか。与党の責任はもちろんですが、野党の責任、それを争点化できなかった野党の責任、そして与党に安定多数を与え、総理の再選を総選挙の結果許した国民の責任、有権者には権利がございますけれども、同時にそこには責任が伴うわけであって、今回の総選挙の結果というものを日本の有権者は、それは背負わなければならないんだろうと思うんです。これは国内政治上の問題です。

それから、国際政治的に申しますと、もしも小泉政権がこの派遣というのを取りやめれば、ブッシュ政権がこれはもうカンカンになることは言うまでもないわけです。しかし、私つい数日前までワシントンにおりましたけれども、アメリカでブッシュ政権のイラク政策を批判している民主党系の人たちはたくさんいるわけですけれども、じゃあそういう民主党系の政策に関わる人たちが、日本がこの期で自衛隊派遣を取りやめたら「それは結構なことだ」と言うかというと、やはりとんでもない失望がそこに待っているだろうと思うんですね。

来年一一月アメリカは選挙ですけれども、今の条件のままでいけば、私はブッシュさんが再選される可能性は非常に高いと思っています。唯一のネックがイラクです。そして、もし民主党が勝つということはイラクで相当苦しい目に遭っているということですから、相当悲惨なイラクの状況を引き継いだ民主党政権が、自衛隊を派遣しない日本という選択を、それは共和党の政権との約束なんだから関係ないんだ、出さなくても結構だというふうに民主党が言うかというと、私はアメリカの政治はそれほど甘くないんじゃないかなというふうに思います。

それから、一貫してアメリカに協力してきたイギリスは、ここで日本が派遣を取りやめたときにどう思うか。あるいは日本よりも大規模な部隊を派遣していて、アメリカからはさして評価してもらえない韓国は、日本が派遣を取りやめると言ったときに、日本の決断は賢明だと言うだろうか。あるいは二十数名の犠牲者を出したイタリアは、スペインは、ここで日本政府が派遣を取りやめたら、日本は勇気ある決断をしたと言うだろうかというと、恐らくほとんどの国は日本の決断を、表面で何と言うにしても、心情の問題としては心の底から軽蔑するであろうことは間違いない。

そして、日本の決断は日本の不作為が与える影響に関わってきます、自衛隊が行って何の役に立つんだという議論があります。しかし、自衛隊が行った結果どんな役に立つんだ、どんな貢献ができるんだというのは、確かに大きな問題なんだけれども、行かなかったときのネガティブ・インパクトは大き過ぎるんですね。それで、日本が行かないと決めたときにポーランドが引く、既に世論が割れているスペインが引くと言い出す。イタリアが引くと言い出したときに、総崩れになってしまう。そのときに日本が出さなかったという判断は、日本が出さなかったということを超えた大きな影響を持ってしまうということも考えなければならないだろう。

そして、このイラクの問題で日本が、別に自衛隊を出すだけではないんですけれども、考えられるいろんな形で積極的な貢献をするということは、今後必ず起こってくるであろう国連改革、国連予算の二〇％を負担しながら安保理常任理事国になれない日本、国連憲章五三条の中で依然として敵国条項扱いを受けている日本。この国連改革に日本がどれだけの発言力を担保できるか。これは我が国の国益の問題です。そして、それは同時に国際正義の問題でもあります。そういう意味では、この問題を日米関係の分脈だけで考えてはいけないというふうに思います。長くなりました。

中川　ありがとうございました。

同じ質問に対して森先生、どのようにお答えくださいますでしょうか。

森　自衛隊を現在派遣すべきであるかどうかということについては、十分に議論がなされていないし、国民の合意というものができていないと思います。できていないけれども、先ほど村田先生がおっしゃったように、現在の国内的な政治情勢を考えると、自衛隊の派遣というものが決定されていく可能性は高いと思います。しかし、それが先例になって、もう引き返すことができないとか、もう議論はしなくていいんだということにしてはいけないと思うんです。今まで議論できていないんだから、例え今回自衛隊を派遣したとしても、国民的な議論と国民的な合意形成というものが必要であると思います。

その根本にあるものは何かというと、世界平和の実現に対して、日本がどういう具体的な役割を果たしていったらいいかということについての国民的な議論と合意形成であるし、それは単に国内的だけではなくて、そのような日本の立場というものを国際的に説明し、国際的な理解、承認を得ていく必要があるだろう。平和の実現ということに関して、日本がとるべき道というものが今までとは違う形になる可能性をも含めて、議論していく必要があるのではないかと考えています。

中川　ありがとうございます。

栗林先生、いかがでしょうか。

栗林　ラムズフェルド国防長官が、イラク戦争に協力を渋りましたドイツであるとか、フランスであるとかを批判して、あれは「古いヨーロッパ」であるということで切って捨てました。それに対してアメリカというのは、実に大胆な勇気を持った国家であって、問題を正面から見据えていくんだというようなことで、アメリカの宗教右翼、またブッシュ大統領を強力に支援した南バプテスト教会の指導者にしても

「我々アメリカは大胆な勇気を持った国であって、もはや宗教の力を失った古いヨーロッパとは違った新しいキリスト教国家である」というような大見得を切って戦争を全面支援いたしました。福音派の八〇％までが戦争賛成ということで手をあげたのは、世論調査の示すとおりでございます。

私はやはり最初からボタンのかけ違いをしたと思います。国連の決議を経ないままに、アメリカとイギリスが突っ走った。そして、日本も同盟関係にございますから、そのアメリカを支援するということで国際的な「プレゼンス」を今発揮しようとしています。しかし、平和の維持のための自衛隊派遣とは違って、今のさまざまなニュースによれば、外国の軍隊がそこへ行くということは即アメリカの支援活動として、イラク国民と敵対関係に入るというようなことになっている。国連の平和維持活動というような枠を超えた仕方で、今もイラク戦争が続いている。それは誤っているということを、ここでやはり日本が言わないことにはどうしようもない。それをしないと、後々に禍根を残していくというふうに思います。

短期的な政局のみでありましたら、なるほど確かに現在アメリカの機嫌を損なうとか、あるいは日本がアメリカの信用を失墜させていくというようなことはあるかもしれません。けれども長期的には、本当の友人ならば、もう一回国連の原点に戻って国際協調、「古いヨーロッパ」と揶揄されたドイツであれ、フランスであれ、そういったところと対向軸といいますか、真の協力関係といいますか、それをつくっていく。追従ということだけではなくて、日本が国連を中心とした正しい路線にアメリカを引き戻していくということで、友人関係を示せるのではないだろうかと思います。

中川　ありがとうございました。

豊下先生、同じ質問でよろしくお願いいいたします。

豊下　日本がほかの国と違うのは、日本がイラクに派兵するという場合、イラク特措法という根拠法にしばられている、ということです。皆さんご承知のように特措法では戦闘地域と非戦闘地域が区分されていますけれども、より具体的に見ていきますと、例えば第八条五項にこういう規定があります。つまり、当該活動を実施している場所の近傍において、近くにおいてですね、戦闘行為が行われるに至った場合、または付近の状況等に照らして戦闘行為が行われることが予測される場合には、当該活動の実施を一時休止し、または避難するなどして危険を回避しつつ、前項の規定による措置を待つ。この前項の規定の措置とは何かといいますと、防衛庁長官は活動の中断を命じなければならない、とあります。戦闘行動が予測される場合にも活動を中断せねばならないということですから、現在のイラクの状況を考えますと、イラクに赴いた自衛隊はすぐに活動を中断しなければならない、ということになってしまいます。法的なレベルで考えますと、こうした問題があります。

次に政治のレベルの問題ですが、たしかに村田先生がおっしゃいますように、仮に日本が派兵を取りやめるとアメリカは怒るでしょう。しかし怒ったからといって、それでは米軍基地を撤去するかというと、そんなことはできないわけですね。そもそも在日米軍基地なしにアメリカの世界戦略は成り立たないわけですから。さらに申しますと、仮に高坂先生がおられれば発言されるのではないかと思いますが、いまアメリカがごり押しをして日本に自衛隊を派兵させると、かえって日米関係は大きく損なわれことになるのではないかという、そういう長期的な視点にたったリアリストの発言を望みたいですね。例えば五百旗頭先生はさすがに高坂先生のお弟子さんですから、そういう趣旨の発言をなさっておりますけれども、このような冷静なリアリストの発言がふえることを望んでおります。

ところで、小泉首相はテロと戦うために派兵するのだといった発言もされておりますが、実は冒頭で私が土着的テロリズムと革命的テロリズムの区別に触れましたのは、パレスチナにおけるテロの問題が念頭にあったからです。一般のイメージからしますと、パレスチナでは年がら年中自爆テロが行なわれているかのように受けとられていますが、必ずしもそうではないのですね。非常に興味深いデータがありますが、一九九四年から今日まで一〇年間を見てみますと、何と一九九四年から二〇〇〇年までは、自爆テロは年平均でわずか三件しかないのです。この時期は、和平プロセスをめぐる交渉や取引が行なわれている時期でした。ところが、二〇〇〇年にリクード党のシャロンさんがイスラムの聖地に乗り込んでいって、新しいインティファーダーが始まってから今日まで、その数は実に一〇倍、年間三〇件に跳ね上がるわけです。つまり、過激派が自爆テロをやっても、民衆の暗黙の支持がなければ続かない、逆に暗黙の支持があればどんどんエスカレートしていく、ということなのです。

これらのデータが物語っていることは、テロリズムの問題は、実は軍事力の問題ではなく、まさに政治的枠組みの問題だ、ということです。だから、今日のイラク問題とテロリズムの問題にどう対応していくかといったときに、私はパレスチナ問題の解決ということと同時並行的に考えていかなければならない、土着的テロリズムの問題を解決していかない限り絶対解決しない問題だ、と考えております。

それから、イラク問題でアメリカに協力するという場合のことで、さらに一点だけ指摘しておきます。それは、協力する前提として日本政府がアメリカに問いただすべき重要な問題です。つまり、そもそもアメリカはイラクの将来をどのように考えているのか、ということです。イラクの民主化を求めると言う以上、仮にイラクで自由な選挙をやって反米政権ができたときにもそれを受け入れる用意があるのか、あるいは親米政権しか許容できないというのがアメリカの立場なのかどうか、ということです。この肝心の問題をアメリカに問いただすことが、日本が協力する際の大前提だと思います。

さて最後になりますが、この間私が大変危惧しておりますことは、命をかけろとか、命がけとか、祖国のために身を滅ぼす覚悟があるのか、といった恐ろしい言葉が溢れていることです。この点で私はナイーブかもしれませんけれども、少なくとも私自身の立場は、人に対して、つまり自衛隊員に対して命をかけろといった議論する場合には、自分自身が命をかけるという覚悟なしにはそのような発言はできない、という立場です。というのは、かつて筑波大学におられた秋野豊さんという、旧ソ連に関する大変すぐれた研究者の方が、国連の仕事として中央アジアに行かれてテロリストの凶弾に倒れられた事件に衝撃を受けたからです。私にはまねの出来ないことですが、彼は自分の理論と実践をまさに結合していくなかで倒れられたわけです。その一貫した生き様において、彼の死はむだになるどころか、学界においても政治外交のレベルにおいても大きな影響を及ぼしました。

翻って、いまのアメリカを考えてみますと、ブッシュ政権は自由と民主主義の普遍的理念とか崇高な国益とか高邁なレトリックを駆使しておりますが、実はアメリカの上下両院の全議員の中で、現実に親族が軍人としてイラクの前線へ行っているのはわずか一人か二人に過ぎない、と言われています。一方で、政権のレベルでも、政党や議会指導者のレベルでも、軍需産業や関連企業と密接な関係を持っている人達が数多くいます。これは言ってみれば、アメリカの道徳的退廃の極致を示していると思うのです。

そこで、大変失礼な言い方ですけれども、もし仮に村田先生が本当に自衛隊のイラクへの派遣が日本の国益にとって死活的である、決定的に重要なことだとお考えになり主張されるのであれば、まず村田先生がイラクの最前線に行かれたらいかがでしょうか。間違いなく日本の世論は大きく転換すると思います。というのも、若き政治学者が自らの理論で国益と考えられるところを、身をもって証明しようとされるわけですから。このことは、小泉首相にも言えるわけですが、この間の小泉さんの発言が余りにも軽々しいという問題とも関係してくるのでは、と考えています。村田先生には大変失礼なことを言ったかもしれませんけれども、私が申しあげたいことの核心は、戦後六〇年近くを経てきて、いま日本は非常に重要な地点を越えようとしている。その際に、他人に命をかけろという議論を行なう場合には、自分自身も同じ覚悟を持って議論をすべきではないか、そういう性質の問題ではないか、ということなのです。

中川　意見が対立する部分ももちろんありましたので、さらに反論というより補足的な意見を述べるということがございましたら、お受けいたしますが……。村田先生、どうぞ。

村田　自衛隊を出せと言うのならまず自分が行けというご意見ですが、端的に申しまして、私の信念とか判断の問題ではなくて、私は民間人なんです。そのことは大変大事な問題であって、民間人が自分の判断で勝手にどこへ行ってもいいのかということになると、民間人が勝手に出ていくと、今度は政府の在外邦人保護の責任問題が出てまいります。豊下先生自身半ば冗談でおっしゃったことでしょうが、相当の暴論であろうという気がいたします。

それから、私もう一つ申し忘れましたことは、日本がこの問題で判断するときに、私は豊下先生がおっしゃったようにこれで日本がノーと言ったから在日米軍が引き揚げると、そういう問題にはもちろんならないと思うんです。その点では全く同感です。しかし、じゃあ北朝鮮のリアクションはどうか。偵察人工衛星の打ち上げに失敗したばかりですね。偵察人工衛星の打ち上げに失敗したばかりで、この問題で日米関係が大きくこじれるといったとき、だからアメリカは在日米軍を撤退するというような極論ではなくて、そのことを北朝鮮がどのように見て、どのような戦術を次に打ってくるかということも考える必要がある。

つまり、この問題は申し上げたように、日米関係の分脈だけで考えるべきではないということを最後にもう一度申し上げたいと思います。

中川　議事進行の裏方の皆さんは時間を気にしておられるようですけど、司会に権限で、もしさらに議論があるようでしたらお受けいたしますが、よろしゅうございますか。どうですか。

豊下　北朝鮮の問題で一言申しておきますと、一九九三年、九四年の戦争一歩手前の危機の時から一〇年を経て情勢は大きく変わった、ということです。何か一般の論調では、北朝鮮の挑発とアメリカの軍事力という、一〇年前と同じ枠組みのなかで捉えられているように思われます。しかし例えば、中国の核ミサイルの幾つかは明確に北朝鮮をターゲットにしていると伝えられておりますし、またロシアの場合も、仮に北朝鮮が核実験をやるのであれば沿海州全域が汚染される恐れがありますから、その場合には事前にピンポイントの攻撃をかける準備体制が出来上がっている、とも報じられています。実際にそうであるかどうかは別として、そういうことが公の報道でなされるというところに問題の本質があると思われます。つまり、ここ数年の間に、中国とロシアの軍事力も北朝鮮に対する重要な抑止力になっているわけでありますす。この点をおさえておくことが大事ではないでしょうか。

最後に一言だけ、この間たまたま大岡昇平さんの本を読んでおりますと、こういう文章に出会いました。それは特攻隊にまつわる話なのですが、「勝利が考えられない状況でメンツの意識にのみ動かされ、若者に無益な死を強いたところに神風特攻隊の最も醜悪な部分がある」と。私はこれを読んで、すぐに小泉さんを思い出しました。文字通り勝利は考えられない、自衛隊がテロとの戦いのためにイラクへ行っても、いかなる勝利も考えられません。メンツの意識にのみ動かされとありますが、まさに小泉さんもアメリカへのメンツだけを考えているようです。小泉さんはことのほか特攻隊に思い入れが強いはずですから、是非この大岡さんの文章を読まれて、じっくりと考えて頂きたい、というように思います。

中川　村田先生と豊下先生の激論を楽しんでいるわけではございませんので、ほかの先生方も含めて、これ大変大事な問題ですので、これだけは最後にということがございましたら、あえてお受けしたいと思いますが、いかがでございますか。よろしゅうございますか。

どうも四人の先生方、本当に議論をありがとうございました。

※中川　謙（なかがわ・ゆずる）
1945年生まれ。
68　朝日新聞社入社
87　社会部（大阪）次長
89　パリ支局長
93　外報部長
98　論説副主幹
02　編集委員
この間、97－01に本社書評委員、大阪大学非常勤講師、朝日カルチャーセンター文章講座講師。著書『ヨーロッパ社会主義はいま』（共著）。

【著者略歴】

◇森　孝一（もり・こういち）

1946年生まれ。同志社大学大学院神学研究科修士課程修了、バークレー神学大学院連合（Graduate Theological Union）博士課程修了。Th.D.（神学博士）。現在、同志社大学神学部教授・学部長。専攻、アメリカ宗教史。主な著書は『宗教からよむ「アメリカ」』（講談社選書メチエ、1996年）、『「ジョージ・ブッシュ」のアタマの中身―アメリカ「超保守派」の世界観』（講談社文庫、2003年）、『アメリカと宗教』（編共著、日本国際問題研究所、1997年）。クリントン二期目の大統領就任式中継（ＮＨＫ衛星第一）の解説を担当した。

◇村田晃嗣（むらた・こうじ）

1964年神戸市生まれ。同志社大学法学部卒業。米国ジョージ・ワシントン大学留学を経て、神戸大学大学院法学研究科博士課程修了。広島大学総合科学部助教授を経て、現職。博士（政治学）。専攻はアメリカ外交、安全保障研究。サントリー学芸賞、吉田茂賞、アメリカ学会清水博賞、読売論壇新人賞・優秀賞受賞。主な著書に『大統領の挫折』（有斐閣、1998年）、『米国初代国防長官フォレスタル』（中公新書、1999年）、『戦後日本外交史』（五百旗頭真編、有斐閣、1999年）。

◇栗林輝夫（くりばやし・てるお）

1948年生まれ。国際基督教大学卒。東京神学大学大学院修士修了。1976—85年、ニューヨーク・ユニオン神学大学、ジュネーブ大学、ハンブルグ大学、クエルナヴァカ国際資料研究所（メキシコ）に留学。2001-03年バークレー神学大学院連合（GTU・米国カリフォルニア州）客員研究員。Ph.D.（哲学博士）。専攻はキリスト教神学。『ブッシュの「神」と「神の国」アメリカ』（日本キリスト教団出版局、2003年）、『日本民話の神学』（同、1997年）、『荊冠の神学』（新教出版社、1991年）。

◇豊下楢彦（とよした・ならひこ）

1945年宝塚市生まれ。京都大学法学部卒業。京都大学法学部助手、京都大学法学部助教授、立命館大学法学部教授を経て、2000年より現職。法学博士（京都大学）。専攻は国際政治論、外交史。主な著書は『イタリア占領史序説』（有斐閣、1984年）、『日本占領管理体制の成立』（岩波書店、1992年）、『安保条約の成立』（岩波新書、1996年）、『占領改革の国際比較』（共編著、三省堂，1994年）、『安保条約の論理』（編著、柏書房、1999年）、『柔らかいファシズム』（共訳、有斐閣、1994年）など。

※このりぶれっとは、二〇〇三年十二月三日、東京にて開催された関西学院大学、同志社大学東京オフィス開催記念ジョイント・シンポジウム「ブッシュ政権のグローバル戦略と宗教」の記録を補正したものです。

K.G. りぶれっと No.7
同志社大学・関西学院大学　ジョイント・シンポジウム
ブッシュ政権のグローバル戦略と宗教

2004年7月31日初版第一刷発行

著　者　森孝一・豊下楢彦・村田晃嗣・栗林輝夫
発行者　山本栄一
発行所　関西学院大学出版会
所在地　〒662-0891　兵庫県西宮市上ケ原一番町1-155
電　話　0798-53-5233

印　刷　協和印刷株式会社

Printed in Japan by Kwansei Gakuin University Press
ISBN 4-907654-62-6

http://www.kwansei.ac.jp/press